IT'S NOT WHAT

傑弗森・貝斯齊——著 江先聲——譯
Jefferson Bethke

耶穌跟你想的不一樣

YOU THINK

各界讚譽

本書佳句選讀：「我們總是用自己的形象去塑造耶穌，而不是用耶穌的形象來塑造自己。」其他就不必多說了。唯一的問題是：在這混亂的世代，「耶穌的形象」是啥？在哪裡？有沒有方便的APP，在遇到狀況時，只要輸入求救信號，馬上跳出一隻寶可夢，捕獲之後就吐出龍珠，照著投射出來的秘方指示即可處理？特別是這些年最令人頭痛的ISIS，作者大膽地提出「耶穌的處理方式」。作者的主張好不好？對不對？每個人看法不同。就像每個人對「耶穌的形象」看法也都不同。我們唯有更謙卑、更深刻地思考反省，才有可能慢慢接近真正的「耶穌的形象」。看完之後，我決定要像作者一樣，每天花一段時間靜默、思考……慢慢地活，才有可能活出「耶穌的形象」。

——**朱頭皮，搖滾傳教士**

傑夫揭開了基督宗教的真實面貌。在本書中，他將撕下道貌岸然的外衣，讓我們看到與基督同行，是多麼有意義、多麼珍貴、又多麼值得。

——**安．福斯坎（Ann Voskamp），《紐約時報》暢銷作家**

傑夫再次精彩出擊，推翻我對耶穌的許多想法。這本好書不僅作者令人信賴，其所描述的神更是奧妙偉大，超越我們想加在祂身上的一切規則。

——**鮑伯．高夫（Bob Goff），美國知名公益律師、「修復國際」創辦人**

在這本新書裡，傑弗森．貝斯齊娓娓訴說上主對宇宙的和解計畫，筆調輕快，可讀性高。與他一起用這種輕鬆的對話方式思考這麼龐大的課題，你一定能獲益良多。

——**羅素．摩爾（Russell D. Moore），美南浸信會倫理暨宗教自由委員會主席**

傑弗森細心觀察我們的時代，釐清聖經中許多被誤解的真理，道出上主的話的真正核心。他熱切地想帶領讀者更親近神，誠摯之心躍然紙上。基督徒們都該看這本書——現在比以前更需要讀！

——**麗莎・特克斯特（Lysa TerKeurst），女性成長機構「箴言31」總裁**

人生不如意事十有八九，常讓我們信仰萎縮，行動倦怠，希望消逝。傑弗森見不得如此，寫了這本書來翻轉我們的成見。

——**喬恩・阿考夫（Jon Acuff），《華爾街日報》暢銷作家**

這本書讓我衝擊不小，帶我突破表面，想得更深。我現在知道為了持續成長，應該以整體的角度看待聖經，不能斷章取義。我們在教會裡學到的功課，長大後也應該持續思索，不斷追求進步。

——**喬莎蒂・羅伯森（Sadie Robertson），美國當紅實境秀「鴨子王朝」成員**

我們這一輩只知道基督教的基本概念，傑弗森卻為這些真理增添新意。他逼我們進一步去想，提醒我們基督教未必跟你想的一樣。

——**喬奇普・蓋恩斯（Chip Gaines），HGTV 節目「修繕達人」主持人**

傑弗森・貝斯齊又推新作，本書處處文字懇切，洋溢著他分享耶穌福音的熱情。長久以來，基督徒常常把耶穌的人生當成昂貴的花瓶，碰也不敢碰。貝斯齊不但打破了這份成見，也讓我們再一次認識翻轉世界的真實耶穌。

——**克莉絲汀・凱恩（Christine Caine），A21運動創辦人、國際佈道家、作家**

傑弗森又出了一本發人省思的好書。他提出的許多問題，我到現在還在思考。幸好我不是個容易打發的人，我不只想知道答案，還想追根究底，多多思索我與耶穌的關係。

——**坎迪斯・卡梅隆・布雷（Candace Cameron Bure），知名製作人、演員**

目錄

專文推薦

復活基督宗教的第一步

聖功修女會靈修輔導　李純娟

傑夫的著作叫我想起了一個故事。一九七五年台灣退出聯合國之後，整個社會瀰漫著一股被出賣、被遺棄的委屈和鬱卒之氣。記得有一次和朋友坐在火車上憂國憂民，閒聊中我突發奇想地問身邊朋友：「如果有一天，我們必須在國家和教會兩者中選一，那你會做何選擇？」只聽見朋友一聲好長的「嗯……」之後無解，沒有下文！

我在此赤誠地表明自己的心聲。我會選擇「國家」，理由是如果沒有國家，就沒有思想、言論的自由，什麼都身不由己，宗教信仰更不用說了！但如果沒有組織機構性的「教會」，我仍然可以有信仰，可以相信神，可以跟隨耶穌。跟隨耶穌是生活中超越教規信理的經驗和實踐的課題，這本《耶穌跟你想的不一樣》更肯定了當年三十出頭的我的想法。

本書的可愛與珍貴之處，在於作者廣、遠、深、厚的信仰經驗，跟隨耶穌對他而言，涵蓋了深遠歷史的傳承和今日廣厚的各個生活層面。他真情地省思今天基督宗教的失血現象，且不加修飾地說出其原因。他說：「我們總是用自己的形象去塑造耶穌，而不是讓耶穌的形象來塑造我們。我們把不喜歡的部分通通拿掉，再加上我們認為『正確』的部分，讓他成了一個刻板僵化的角色人物。」他又觀察到：「我們的福音怎麼看來不像耶穌的福音？」他省思：「如果基督徒除了死後上天堂之外，還有更好的應許呢？例如神現在就讓我們身在天堂？」

為復活基督宗教的生命，傑夫呼籲每一位基督徒要徹底悔改，並做一個抉擇，是要做〈創世紀〉第一、第二章的基督徒，或是第三章的基督徒。〈創世紀〉第一、第二章是個充滿神的「愛」和祝福的起始，在那裡充滿著和諧、平安、喜悅和奧秘。第三章以後則是邪惡與衝突，是一個「罪」的開端。

傑夫說，神明明是按自己的肖像造了人，這是我們人生故事的立足點，教會卻喜歡一個「罪」的起始，教導人們「一開頭就是罪」。他說這就像把房子蓋在爛泥上。我們要給人傳遞耶穌的好消息，卻一開口就是駭人聽聞的壞消息：「你是個罪人！」這才是基督宗教欲振乏力的真正「元凶」。

他還提出「基督宗教若要重新起步，就要從福音開始」，而且要把耶穌和他的福音放在耶穌的文化脈絡裡去理解和領會。從第二章到第九章，傑夫教導讀者如何在今天的家庭、社會和世界裡，用耶穌的文化脈絡去理解耶穌和他的福音。例如「聖殿」這個名詞，我們現代人用我們的文化是不易理解的，更無法領會其中深邃的奧秘，一定要先認識公元一世紀的人們對聖殿的情感和重視才行。對當時的猶太人而言，「聖殿」是敬拜神的地方，是天堂與俗世的交接點，「進入聖殿，就進入了人類與神相交的神聖空間」，這意味著「神要與人同住」。

曾經有位神父說，他每到一個修道院，只要看修道院的聖堂（聖殿）和餐廳，就知道這個修道團體的修道境界。很有趣的是，傑夫在第二章談了「聖殿」，在最後一章談了「聖餐」。對猶太人而言，「餐桌」含有深刻的神聖意義。耶穌與門徒相處了三年之久，臨別前他沒做最後的宣講或佈道，卻是與他們共進晚餐，一起吃頓飯。耶穌把他的死和這頓飯連在一起，可見餐桌和吃飯不但很重要，更深具意義：和好、彼此服務、一起、一家人、共融、合一……。

「聖餐」對今天的手機族能有所啟發嗎？我們的家庭晚餐，或者和朋友、同事的餐敘能有聖餐的功用嗎？或許這是復活基督宗教的第一步，從你我開始，不要再浪費我們吃飯的神聖時刻。

專文推薦

以新眼光讀聖經、認識耶穌

前玉山神學院副院長 陳南州

基督教是怎樣的宗教？基督教的經典「聖經」的內容是甚麼？基督教信仰的中心人物「耶穌」是誰？他是什麼樣的一個人？傑弗森．貝斯齊繼《耶穌比宗教大》一書之後，又寫了《耶穌跟你想的不一樣》這本跟一般解說基督信仰的著作不太一樣的書。

作者貝斯齊自謙地說他不是神學家，其實，任何人只要對信仰作省思，都可說是在作神學，因為神學就是信仰的省思。就這個意義來說，貝斯齊是神學家，甚至是一位不錯的神學家，因為他省思後的見解可以比美一些出名的神學家的觀點。

貝斯齊認為聖經是上帝的故事，很多神學家也有這種見解；譬如說，曾任美國加州柏克萊太平洋神學院（Pacific School of Religion, Berkeley）教授的台灣人神學家宋泉盛寫過很多故事神學的書籍，他幾年前寫了《太初有故事，而非有文本》（*In the Beginning Were Stories, Not Texts*，暫譯），他在書中一再強調，我們的聖經緣起於信仰的故事，從故事的角度來讀聖經，會更認識聖經見證的上帝。許多學者也都同意，聖經本質上是上帝愛世人的故事，是上帝成為一個人——耶穌——向世人彰顯他的愛的故事。

美國著名的倫理神學家豪爾沃斯（Stanley Hauerwas）也說，教會應該是由耶穌的故事所形塑的社群，而教會最重要的任務，是作一個能夠從聖經中聆聽上帝在耶穌基督裡的故事，又以忠於此一故事的方式來生活的社群。換句話說，基督教會基本上是一個故事性又回顧耶穌故事的社群。貝斯齊真的是位有見解的神學家。

貝斯齊在這本新書中敘述他對基督信仰一些元素的見解，而且是非常新穎的見解，如自我、他人、生活、創傷、聖殿、安息日、敬拜、上帝國、聖餐等。他之所以會有這些新的體認，就如他所說的「只要我們進入耶穌的世界，看見耶穌的真實樣貌，聖經就會恢復它原本的色彩」，又說「你怎樣看聖經，就怎樣理解上帝」。基督教是經典的宗教，人們怎樣理解聖經，就會有怎樣的上帝觀和人生觀。

那麼，貝斯齊怎麼理解聖經？讀者閱讀本書時不難發現，貝斯齊一再以他自己的生命經驗（包括他觀察一些美國教會的心得）來解讀聖經，然後又從這種解經而來的信息來看自己和世界。貝斯齊這樣的讀經法，讓我想起亞洲基督教協會（Christian Conference of Asia, CCA）在一九九六年左右開始在亞洲各地教會推展的讀經運動「新眼光讀經」。

這個讀經運動的特點，在於除了關注聖經寫作的歷史、社會背景，也強調讀者要從自己的生命經驗和社會處境來詮釋聖經，也就是讓聖經的故事與讀者的生命經歷和社會處境相遇、對話，藉此來洞察體會上帝今日所要啟示的信息。

在這樣的讀經中，我們重新發現聖經中耶穌基督的福音是上帝國的福音——上帝要在這世界實現他美善旨意的福音，是一個跟人在現實世界之生活息息相關的福音，然後，我們可以從耶穌上帝國福音的觀點來重新詮釋聖經，讓聖經成為上帝今日的話語。貝斯齊的做法跟新眼光讀經運動可說是不謀而合。

貝斯齊這本書不斷強調「不一樣」。他似乎有意向出入傳統教會的基督徒挑戰：耶穌跟你想的不一樣！上帝的國度跟你想的不一樣！對貝斯齊來說，有些基督徒信守教條，卻沒有真正了解聖經，因此失去信仰該有的生命力。這也是哈佛大學教授哈維・考克斯（Harvey Cox）在《信仰的未來》（啟示出版，2016）一書中所描述的基督宗教的現象。

此外，貝斯齊似乎也有意對自認為了解基督教而排斥信仰的人提出挑戰：耶穌跟你想的不一樣！貝斯齊這本書的英文書名有一附題，直譯是「為什麼基督教絕不只是死後上天堂」。在貝斯齊著書的美國社會中，或許有些人以為基督信仰是關於死後上天堂的宗教而鄙視、拒絕基督教。人們可能自以為已經參加教會、了解聖經和耶穌，卻沒有享受和實踐耶穌所傳揚的福音，人們也可能看見基督教會的一些缺失，而自認為已經看透基督教，卻也因此遠離可貴、有意義的信仰。貝斯齊邀請讀者以新眼光親近耶穌，重新認識基督教。換句話說，他邀請讀者以開放的心靈來認識他的信仰——基督信仰。

其實，信仰團體在傳承、擴展的過程中，為了傳揚和教導他們的信仰，形成一個組織，進而制訂信條、禮拜的儀式等等，這都無可厚非。人們無法忍受的是這些組織僵化了，信條成為口號，儀禮流為形式，使得信仰失去生命和活力。宗教團體要致力的，是如何在組織和運動、信條和信仰、儀禮和敬虔心靈的呈現之間，保持著創造性的緊張關係。信條、禮儀主要是為了表達自己的信仰，不應該讓它成為心靈的束縛，也不該拿它來批判別人是否合乎正統。或許有些教會人士會說，貝斯齊的見解沒全然符合所有的基要信條，其實，他對聖經的解釋我也沒照單全收，但我認為他絕對是一個信仰基督的人。讀者若能以這樣的了解與心態來閱讀這本書，就更能從中獲益。

在變遷社會中，人們似乎棄絕僵化、空洞、教條式的宗教，轉向追尋靈性。貝斯齊這本書給我們一個啟示，我們可以用新眼光來讀聖經，進入聖經中上帝創造和拯救的故事，來認識耶穌。作者雖對一些基督教會有所批評，但，我們依舊可以在許多基督教會中尋獲讓人充滿生機的真正靈性。

專文推薦

不「依樣」的路，不一樣的信仰

台南神學院教授　曾昌發

拜現代科技之賜，當我接到出版社的來信要我寫序時，我正在從舊金山前往阿根廷的中途站——休士頓機場，從師母的手機連上機場的 Wi-Fi 收到的。我們斟酌教學、講道、專講的忙碌，覺得自己可能力不從心；但能趁空檔讀本好書，實在難得，就欣然答應了。

寫序者最大的享受就是「先睹為快」，但讀這本書，卻絕對不僅如此。因為作者不斷跨越聖經的背景與今日實況的方法，讓讀者讀來充滿現代感，也一再從聖經的原初意義出發，坦率、真誠地對現今信仰的許多框架提出批判，雖然令人臉紅，卻一針見血、淋漓盡致，帶來一種跨時代的洞見和衝擊。他刺激了讀者的信仰神經，也讓基督徒回歸聖經，喚醒生命的熱情。

傑弗森雖然說他不是神學研究者、心理諮商師或神職人員，但他對聖經和信仰卻有不少獨到的見解。對我們這些從事聖經研究、教學的學習者而言，我們可以看出作者下很深的功夫博覽群籍。不同的是，他以切身的經驗，用無比的熱情，把聖經裡歷久彌新的精義提出，並親身經驗，因此找回信仰的動力和生之勇氣。他確實做到了。讀者若願意循著作者追隨耶穌和學習聖經的路徑前行，也會看見公元一世紀耶穌的真實面貌，讀出聖經活潑有力的精義，並活出上帝的形象。

作者學習聖經的「路徑」，他所使用的是跨越公元一世紀情境與今日實況，兩者不斷展開對話、衝擊的方法。我們可稱之為「互為實況解讀法」(Inter-contextual Reading of Bible)；而這正是台南神學院經常運用的聖經詮釋法。

在多年的教學中，我和學生盡一切努力嘗試回到公元一世紀的實況中來理解耶穌、保羅和其他作者，企圖體會公元一世紀讀者的感動，把握新約經文的原意；並回到今日實況中，與此時此地（Here and Now）的現況對話、辯證、角力，誠如Paul Ricoeur所說：「解讀是與文本的掙扎。」[1]目的在尋找今日實存的意義。這種聖經詮釋方法是根據黃彰輝牧師所提出「實況化神學」的原則來詮釋的，目的是要讓聖經向現代人說話，讓天國在人間實現，並落實在我們與神、與人、與受造界的關係中。

作者以他自身的文化背景和生命經驗，不斷跨越時間和空間的距離，以真實、敏銳和振奮的筆調使聖經的「真義」在現代的美國活出來，並引起廣大的迴響和共鳴。我做為台灣的讀者也感同身受，獲益良多，因此鄭重地推薦本書給「渴望此生不再一樣」的信仰朝聖者。

1 Paul Ricoeur, "World of the Text, World of the Reader," in A Ricoeur Reader: Reflection and Imagination. Ed. Mario J. Valdés. (New York: Harcester Wheatsheaf, 1991),494.。

專文推薦

其實，耶穌是魯蛇

中正大學傳播系副教授　管中祥

出版社要我為這本書寫推薦序時，幾乎沒有考慮就答應了，一方面是幫作者傑弗森．貝斯齊上一本著作的中文版《耶穌比宗教大》寫序後，許多人因此不小心發現我居然是個「基督徒」，另一個理由是，這本書的書名竟然和我在主日講台常分享的題目「耶穌跟你想的不一樣？」一模一樣，只能說是「命中注定」，巧到一個不行。

「耶穌跟你想的不一樣？」為什麼？〈以賽亞書〉不就說：「天怎樣高過地，照樣，我的意念高過你們的意念。」因為三位一體的上帝總是高人一等、不可測度的呀。當然還有另一個原因就是，你想要當個「溫拿」（Winner），但耶穌卻是個「魯蛇」（Loser）！

如果耶穌活在現代，應該會被視作一個魯蛇吧！

會講這個題目，坦白說是有點挑釁，因為大部分的教會會講「成功」神學，不太講「苦難」神學；會告訴大家信上帝得「成功」，很少告訴會友信上帝其實也蠻多「苦難」

的。這不是說信上帝不會「成功」，而是只談「成功」不談「苦難」、不談「失敗」，這要不是對聖經斷章取義，恐怕就是誤讀聖經。

有個教會曾經邀了一位出了好幾本宗教暢銷書，穿著酷炫、打扮入時，頗受年輕人歡迎的傳道人講道。那是個佈道的場合，這位講起道來頭頭是道、手足舞蹈、生動活潑、相當吸引人的牧者，果然不負眾望，許多人當場願意相信耶穌，因為他說，如果相信耶穌，不但讓人心得安慰，也會讓生活更豐盛，你看，我現在停在外頭的跑車、住的房子都是神賜給我的。

我不知道這位牧者有沒有騙人，因為我根本不曉得這些「財富」是不是上帝給他的。但我知道，許多信上帝的人，沒有一夕致富，也很少因此致「富」，即使真的富有了，也是心靈，未必是錢。

但我又想，如果有人真的認為信上帝可以得到物質上的富有，卻怎麼等都等不到，他一定會以為基督教是全世界最大的詐騙集團！

然而，這卻是不少教會佈道常用的手法，即使不會說的這麼露骨，但至少大多會說，信耶穌能讓你面向成功。

但耶穌明明是個魯蛇——一個搞到自己灰頭土臉，只有未來，沒有當下；只有盼望，沒有慾望；只有心靈，沒有物質的魯蛇啊！

信耶穌不一定會讓你成功，反而有時會有更多苦難，但別怕，至少會知道該如何面對苦難，神還會挺你面對苦難。

高中時，有次參加學校的聲樂比賽，趕緊請來教會實習的神學院大哥幫我練唱，當時大哥除了教我發聲技巧，也跟我說：加油，得個名次，榮耀上帝。

我把這樣的勉勵開心地和另一位輔導姐姐分享，握著拳頭跟她說：「我一定要得名次來榮耀上帝！」沒想到姐姐冷冷地看著我，淡淡地說：「啊，如果沒得獎，不就讓上帝臉上無光？」

我有點傻住，望著天，心想：「對厚，這樣不就大部分的人都沒辦法榮耀上帝？」這時，我也安心許多。後來，果然沒得獎。

耶穌是個魯蛇，因為他出生在馬槽裡；耶穌是個魯蛇，因為他沒有結交達官貴人，他的朋友也大多是魯蛇；耶穌是個魯蛇，因為他的父母並不了解他；耶穌是個魯蛇，因為他被自己的學生出賣；耶穌是個魯蛇，因為他眾叛親離；耶穌是個魯蛇，因為他心裡希望上帝把釘十字架的苦杯拿走，但上帝並沒有；耶穌是個魯蛇，因為他沒犯罪，卻被判死刑；耶穌是個魯蛇，因為他釘在十字架，而且還跟罪人釘在一起。

耶穌是個魯蛇，因為所有的人都在追求成功、追求向上，但他卻逆向行駛，從天而降，挑戰權威，陪伴魯蛇，最後死於非命。

好啦，就算耶穌真是個魯蛇，也不是這本書要討論的全部，因為如果真以為耶穌只是個魯蛇，那麼又是另一種斷章取義，恐怕也是誤讀聖經了。作者要說的很簡單：認識上帝，要腳踏實地，閱讀聖經，要回到原意，別斷章取義。

最後，摘一句傑弗森．貝斯齊在書中說過的話當作結尾。他說：「很多人認為，當我們開始追隨耶穌，那就是終點了。如果是這樣，這人要的只是『婚禮』，而不是『婚姻』。」

「婚禮」是短暫、是喜悅的，「婚姻」卻是充滿喜怒哀樂、酸甜苦辣。就算你信上帝是為了成功，但只有能和上帝一起面對生活中時時刻刻、點點滴滴的苦難，才是真正的成功。

跟耶穌交往，請以「婚姻」為前提。

專文推薦

一再擊中我們內心的一本書

得勝者文教創辦人　劉駿豪

感覺時候到了，神就感動一些人寫出或說出大家內心最深層的認同，因為信仰若徒具表面上的規矩，是件悲哀的事。的確，我們會被書中的許多問題擊中，例如：「你上一次停下來是什麼時候？很多人無法回答這個問題，因為他們不知道答案。」幾段文字後，又看到：「原來我們獨自沉思，只能維持洗個澡的短短時間（也許因為這個緣故，我們大部分的創意都是洗澡時產生的，因為那是唯一真正閒著的一刻）。」

書中不時會出現這類打中你我的敘述，讓我們不停地「反思生活」，對科技上癮了嗎？是時間的奴隸嗎？原來第五章講述安息日這麼嚴肅的課題，也能勾出現代人的盲點，看來安息日真的是來自宇宙深處的旋律，是創造天地遺傳密碼的一部分！

我非常喜歡第八章的中心思想，作者說：「當有人的身體受傷了，你觸摸他的傷口，他的第一反應就是畏縮、閃避，因為傷口非常敏感。同樣地，當別人觸摸你人生中的心靈創傷，也會引起一樣的反應，令你畏縮、閃避。」但是「疤痕能講故事。別人看見你的一道疤痕，就會問它的由來，我們也不怕講出來。因為已經不痛了。」

假如耶穌要把我們的傷口變成疤痕，那不是太好了嗎？而且耶穌復活後仍有疤痕，代表疤痕根本就不是弱點，傷口變成疤痕後就也不是傷口了！看著這觸動人心的說法，不覺得有基督信仰是件很棒的事嗎？

此外，沒有看完最後一章「聖餐跟你想的不一樣」，絕不知道是餐桌上的一頓飯給我們機會，把人重新還原為人。這是多有亮光的看法啊！因為在今天的文化裡，常把人貶低為個人簡介照片、職稱和事業成敗，而沒有把人真正當成一個人來看待。以前我從沒想過，耶穌與門徒相聚的最後一晚為何只是一同吃飯？本書激發了我去思考這一點。書中也提到現代版的聖餐，跟早期教會比起來像是工業革命的產物。在追求樣樣快速的今日，最後一章給了我們重要的提醒，或許餐桌不只是吃飯的地方，而是神聖的空間！

如果基督徒對耶穌的興趣還不如手機，對聖經的喜愛比不上電影，這信仰就等同於無有了！或許，常常思考基督信仰和之前認知的不一樣之處（就像作者示範給我們看的），才是真的想認識耶穌！

專文推薦

耶穌跟「他們」講的不一樣

高雄新生長老教會牧師　謝懷安

年輕時參加教會的查經班、思索信仰，帶領聖經研讀的長老是福音書的熱愛者，他總是說：「你們應該有自己的耶穌。」鼓勵我們年輕一輩，基督宗教信仰的追隨者，要從自己的眼光去認識耶穌，而不該降伏於權威者的觀點。他認為，耶穌本身就是當時宗教政治權威的顛覆者，他的叛逆開啟一個新的世界觀，擲出了真理，但同時也帶來死亡，否則他沒有理由被釘十字架。

得到這樣的激勵，我們在教會自組查經班，反覆閱讀第一批跟隨耶穌的學生所傳揚有關耶穌的福音。以自己的眼光，觀察耶穌如何藉著作為與批判，見證出新的生命態度。我們這個查經班並不太歡迎牧師，卻不能拒絕牧師偶爾的關心。或許，他也想聽聽我們年輕人的理解；或許，他是來歸正我們的詮釋是否「走鐘」。

牧師來了，他是信仰的權威。在台灣威權體制下長大的年輕人都信任威權，以為神學專家說的話比我們的可靠。於是，我們自動靠邊，信任答案、不敢質疑，一味聽從。天馬行空的討論，消失了；七嘴八舌的分享，結舌了；質疑的聲浪，平撫了；信仰的批判，妥協了。聖經是正統？不，牧師詮釋的答案才是正統。連福音書中耶穌對猶太宗教正統神學的批判叫囂，也不再那麼刺耳，成為符合傳統道德的規勸。耶穌革命者的身分，被詮釋為類似經學士、法利賽人般體制內擁護者的另一個面向而已。

我真的不太喜歡牧師參加我們的查經班，他來，「我的耶穌不見了」。直到現在，我擔負牧職，還是不太喜歡主動去參加年輕人的查經班。每一年的青年靈修會，我都會帶領他們讀聖經的一本經卷。除去導論和提醒他們別把上主讀成外星人之外，我都悠閒地離他們遠遠的，等著領受聖神通過他們給我這老人家新的眼光。

傑佛森．貝斯齊這位年輕一代北美教會平信徒，他的前作《耶穌比宗教大》，如同我教會的年輕人，有時候他們奇異的理解，就猶如這本書的起手式——他在書中的宣告：「假如我告訴你，耶穌是來廢除宗教的……」對於我們這些固守宗派、視護教為職分之一的牧師，這簡直是一種不安的挑釁。

這宣言，其實頗有年輕的耶穌向猶太當局經學士宣戰的味道：「你們為甚麼有這種想法呢？對這病人說『你的罪蒙赦免了』容易呢？還是說『起來，拿起你的褥子走』容易呢？我要向你們證明人子在地上有赦罪的權柄。」於是他對那癱瘓病人說：「我吩咐你，起來，拿起你的褥子，回家去吧！」(馬可福音2章8～10節)

耶穌的宣告，喚動了一位癱瘓病人行動，震撼了當時保守穩定的猶太宗教社群。同樣地，貝斯齊的提醒：「信耶穌真的能讓全家平安嗎？但只要我們誠實一點，我們應該會問：一個無家可歸、最後還被釘死在十字架上的傢伙，怎麼會是讓全家平安的神呢？」1也邀請我重新回想當年我年輕時追尋耶穌的勇氣，自問：「一個已經老了的人重生可能嗎？」並反省現今常在佈道會中朗朗宣告「信耶穌得平安」的口號，是否實在？

貝斯齊的新作《耶穌跟你想的不一樣》再度由啟示出版社出版，有幸可以事先閱讀。「新眼光」、「平信徒」、「年輕」的角度，所帶出相異於傳統教會的觀點，力道持續地震動著。

作者之所以能夠延續上一本書的動力，叫喚著我們注意、認同，是因為他繼續講故事，他不只是講一個過去聖經文本的故事，他還藉著這聖經文本的故事，觸燃了今天我們經驗得到、上主為你我施行神蹟的故事。如同耶穌使用當時他們熟悉的生活「比喻」，生動重述上主的真理；以神蹟翻轉了詮釋律法的傳統，恢復了原初律法的精義。不必學習新的語言、文字；不需要有神學理性論述的知識；用不著複雜數據的統計佐證。故事強大的穿透力，架起了跨越時空的橋樑，讓每一個世代都共同領受上主的恩惠。生活經驗的故事使我們腦袋裡的杏核仁釋放出皮質醇、多巴胺、催產素等化學物質，激動人的情感生發認同。2

這也是講道。貝斯齊以平信徒的角度分享，跳脫牧職階級與神學的顧慮，似乎更像這位願意貼近普羅大眾的耶穌。當然這不是說，神學的訓練不需要了，而是強調神學的陳述不能只是停留在藉由邏輯的辯證，而是必須藉由信仰故事的見證，才能抓住我們的心，讓我們感受到耶穌今天的同在。在這一點上，作者平信徒的領受與牧師的講道「不一樣」。

耶穌對上主的理解與傳統的猶太神學家不一樣。保羅對耶穌基督信仰的理解，與跟隨在耶穌身旁的第一代門徒不一樣。新約詮釋了舊約，使舊約曾經被掩蓋的真理重新被翻閱、啟示、理解。保羅再詮釋了耶穌的福音，使耶穌的福音不致停留在猶太門徒的理解中，而能進入希臘、羅馬世界文化潮流，做出嶄新的見證。

基督宗教所信仰的耶穌，若是永活的主，祂就會藉著聖神文本，開啟每一個新世代的年輕人，堅持著與祂、為祂活出新世代福音的故事。

1 傑佛森．貝斯齊，《耶穌比宗教大》，啟示出版，頁40。
2 卡曼．蓋洛，《跟TED學說故事，感動全世界》，先覺出版，頁21。

給金絲莉：

願妳認識賜妳生命的美好耶穌，

並且一生追隨他。

爸媽愛妳。

作者的話

各位台灣的讀者朋友大家好，我是傑夫。感謝大家支持我的作品，我感到非常快樂與榮幸！

有台灣讀者看到我的前作《耶穌比宗教大》之後，在網路的心得留言是「更為堅信耶穌是我們的救主」，這是我深信不疑的信念，也很感動看到讀者有這樣的共鳴。不管是在美國或是台灣，是男或是女，也不論任何身分地位，你與我都是耶穌基督的肢體，我們都同在耶穌之內，也因為他，我們有了普世手足之情。

這本新書的內容比上一本更深入一些，在寫完這本書後，我與耶穌基督親近的心更虔誠、更自由了。希望台灣的讀者也會喜歡這本書！

前言

恢復生命的色彩

Living in Color

如果你在公立中學念書，英文課應該讀過幾部經典之作。我記得那時讀過的有《梅岡城故事》（*To Kill a Mockingbird*）和《人鼠之間》（*Of Mice and Men*）等等。但說到我最喜歡的作品，毫無疑問是露薏絲・勞瑞（Lois Lowry）所寫的《記憶傳承人》（*The Giver*），最近還拍成了電影。

你也許不熟這部小說，它的故事大體是說，一群長老掌控著整個社會，在他們設立的系統下，所有人每天早上都被迫注射一種藥物，因而失去所有的情感和選擇自由。

在故事中，所有人都活在黑白的世界裡，這是他們看見的「正常標準」。世間沒有色彩，也沒有生活和樂趣可言。由於所有人都被注射了藥物，沒有一個人知道黑白世界並不正常。大家相信世界就是這樣，沒有色彩、沒有幸福，活著就是這麼一回事。

某天，主角喬納斯不知怎地做起夢來，在朦朧之中看見了色彩。他形容不出自己看見了什麼，甚至連想都無法想像。後來他沒有再注射藥物，才發現世界原來是彩色的！他無法用語言表達眼前的一切，萬物是那樣色彩繽紛、美不勝收，洋溢著生命氣息。其實，他周遭的世界沒有絲毫改變，只不過他現在終於看到了世界原本的樣子。他很快也很清楚體會到，世界跟他原來想的不一樣。

我相信西方教會有好一段時間都把世界看成黑白的，我們卻像《記憶傳承人》裡面的角色那樣懵然無知。因為我們總是用自己的形象去塑造耶穌，而不是讓耶穌的形象來塑造自己。耶穌被馴化、西化、中性化了，我們不喜歡的部分通通拿掉，再加上我們認為「正確」的部分，讓他成了一個刻板僵化的角色人物。

近年來，我在追隨耶穌和學習聖經的路上開始體會到，把耶穌和聖經放在公元一世紀的背景來看，會更充滿生命氣息、更美、更具說服力。當你了解耶穌的世界，就能更加了解他。我們會覺得聖經裡的一些事物沒有意義，是因為我們不知道羅馬帝國治下的猶太地區是什麼樣子，也不明白這些事物對當時的拉比和猶太人有什麼意義。

可是，只要我們進入耶穌的世界，看見耶穌的真實樣貌，聖經就會恢復它原本的色彩，一直被我們忽視的細節也會躍現眼前。聖經和耶穌一直都沒有改變，但回到公元一世紀，我們就像長了新的眼睛，可以真切看見耶穌是什麼樣的人、做了什麼樣的事，然後恍然大悟為什麼我們直到今天都還不斷談論他。

我希望你翻開這本書，開始看到一個活生生的耶穌。我不是牧師或神學家，也沒有了不起的學位讓人尊稱我一聲博士或教授。然而過去幾年裡，我一天比一天更深地愛上耶穌、愛上神的故事、愛上神的教會，而這一切，都是因為我把二十一世紀西方世界加諸耶穌身上的消聲器解除了，讓公元一世紀的耶穌自己說話。

每天早上我與耶穌同行，都請他讓我的眼睛再張開一點。因為當我們更清楚看到他，就能夠更真切地追隨他。

我們要問自己一個很可怕的問題：假如我們沒有真確地看見耶穌，假如耶穌跟我們想的不一樣，那會對人生造成多大的影響啊？而我相信，耶穌一定會出其不意地出現在我們生命裡，丟給我們突如其來的挑戰，緊跟著我們不放，並且永遠深愛著我們。

在撰寫本書的過程中，我就像你一樣，正踏上探索耶穌的旅程。我想你也希望認識那個更耀眼、更有活力、更真實的耶穌。你願意和我攜手上路嗎？

第一章

你的人生跟你想的不一樣

界定你的是愛，不是其他任何事

Your Story's Not What You Think

對我們這代人來說，基督宗教就像一張空頭支票。我們都聽過這個超值的應許：只要「來到耶穌面前」，生活從此美滿、煩惱從此消失。可是，當我們要兌現這張支票時，它卻跳票了。投資沒有帶來承諾的報酬，我們的信心一票當然就投到其他有回報的地方去了（其實也不知道是不是真的有回報，起碼感覺上像是有）。

我還記得我是在大學一年級時，才真正踏上追隨耶穌的路。我帶著全新的眼光和態度參加禮拜，想更深入地認識耶穌，結果每次聚會都讓我深感挫折。我參加的教會老是愛表揚那些閃亮耀眼的「教會乖寶寶」，他們的完美表現只讓我感到自慚形穢。聚會的大半時間，我都覺得好像隨時能看到天使在講台上方飛過，伴隨著韓德爾的《彌賽亞》樂曲在雲端響起。

在所謂的「見證時間」，受邀請的人會用幾分鐘分享信主前後的經驗。說的總是如此這般：「我是個四十年的老酒鬼，每天在絕望中掙扎。我把生命交託給耶穌，從此滴酒不沾。」

有這般經驗的人可不少，偏偏我沒有。我越聽這些見證，就越往椅子裡龜縮，一邊看看四周是不是有人跟我一樣心虛。難道只有我一個人沒有這種經驗嗎？[1] 我有哪裡不對勁？上帝愛我嗎？我是不是沒有活得「像個基督徒」？

我開始追隨耶穌之後，日子反而過得更糟了：憂鬱感揮之不去，做事處處碰釘子，人際關係破裂，壞習慣一個也戒不掉。我不想滿腦子只考慮自己的事，但我越想擺脫各種欲望的糾纏，就越是被纏著不放、越是受到誘惑。我覺得自己在信仰中已經找不到立足之地了。

我小時候所知道的基督教，不容許犯錯、質疑與掙扎，也不容許求助。我在九〇年代成長，到二十一世紀長大成人，我這代的人都經歷了基督教的巨大轉變：從嚴峻的主導規範成了人人喊打的過時教條。這當中究竟出了什麼問題？

今天西方社會的基督教，是聖經教義與諾斯底原理融為一體的奇怪綜合體，雙腳站在現代啟蒙主義上，胸前卻掛著耶穌的標籤。不幸的是，這個綜合體千瘡百孔、不堪一擊。這樣的基督教既不能滿足人，也毫不吸引人，像僵屍一般了無生氣。它所述說的故事沒人想聽，因為那根本談不上什麼故事，只是一堆教條、理論，或是數學方程式。

1 雖然有點不一樣，在虔誠信主家庭中長大的人也可能有這種感覺，因為他們沒有那種一夜之間歸向上帝的神奇經驗。但記住一點：你不用知道自己哪天生日，也可以知道自己已經誕生於世。（Curtis Hutson, Salvation Crystal Clear, vol. 2 (Murfreesboro, TN: Sword of the Lord, 1991), 199.）

但是，假如宗教可以有更好的樣貌呢？我確信，耶穌講的是一個更好的故事。基督宗教若要重新起步，就要從福音開始。

填鴨式信仰

說到福音，我第一次接觸福音的難忘經驗，是讀中學的時候。當時只見周遭跟我年紀差不多的孩子都哭了起來，情緒激動到幾乎無法站立。那一刻的震撼力非同小可，今天回想起來仍然心情激盪。

沒錯，當時我參加了一個基督教青年營。營會的最後一晚，每個人都「邀請耶穌進入心中」。鋼琴奏得讓人心都軟了，主持人請所有人低下頭，閉上眼，然後說：「好，願意接受耶穌的人，現在跟著我說……」

覺得耳熟能詳嗎？歡迎來到九〇年代的福音派青年營！

想到有這種共同經驗的人不知有多少，我忍不住納悶起來：大家對這種方式似乎習以為常，**但這種做法要是放到福音故事裡，讀起來會有多奇怪、多不對勁啊？**

試著想像一下，你翻開〈路加福音〉，看見耶穌說的話已經被細心地標成紅字了，你念了起來：「很好，請低下頭，閉上眼。司琴會在我身後彈奏柔和的鋼琴音樂，誰願意跟隨我，請舉起手來。不用擔心，其他人不會看到。」看到有人舉手，耶穌就說：「我看到你的手了，上帝祝福你。」

這不是有點搞笑嗎？耶穌決不是這樣打動聽眾的心。他拿出恩典，流出寶血，卻只是言簡意賅地說：「跟隨我。」即使他遭到離棄、墮入迷惘、受刑犧牲……經歷世間一切慘痛的事，仍只是淡淡地說：「跟隨我。」耶穌叫我們公開追隨他，我們卻把信仰變成了私人的事。

我們怎麼錯得那麼離譜了？我們的福音怎麼看來不像耶穌的福音？

更可怕的問題是，有時一個宗教儘管有些偏差，卻還沒有變成另一種信仰；有時一個宗教扭曲得太多，已經面目全非，連創始人都認不出來——基督宗教是不是已經到這種地步了呢？

我不得不看看自己大半輩子在其中過活、在其中呼吸的聖經和基督教：**真的假的？這就是基督教嗎？到底出什麼問題了？**真相是，我們活在一個很糟、很糟的故事裡。很多人不光在裡面混日子，還告訴別人：「如果你跟隨耶穌，就可以脫離這個很糟糕的世界喔！」（奇怪了，耶穌不是說他是來修復這個世界的嗎？）

我小時候所知道的「天堂」，是天上某個遙遠的地方。想像中的天堂總是遙不可及，裡面有一堆長著翅膀的小天使彈著豎琴，飄浮於雲間。如今老實說，那裡聽起來挺無聊的，我一點也不想永遠住在那裡。事實上，如果我看見一堆光屁股的胖小孩全都長出翅膀，我可能會嚇得拔腿就跑，才不會說：「太棒了，我死後一定要住在那裡！」

可是，如果基督徒除了死後上天堂之外，還有其他**更好**的應許呢？例如神現在就要讓我們身在天堂呢？

讓家庭成為天堂，

讓工作成為天堂，

讓每一餐、每一件藝術都成為天堂。

很多基督徒身體力行的另一個糟糕故事，我稱之為「填鴨式基督教」。這種故事通常從耶穌開始講起：耶穌來這世上揭示你的罪，為你的罪而死，然後復活升天，結束。這是一個經過消毒的耶穌，高高在上、正經八百，這樣的基督教是一齣只有外在表現的道德劇，循規蹈矩、道貌岸然，上面還打著完美的蝴蝶結。然而，與耶穌同行絕不是那麼回事，那會更混亂、更麻煩——就像我們真實的人生。

填鴨式信仰的問題在於，我們把耶穌的想法與經驗放在一邊，徹底忽略了它。耶穌讀經是從《舊約》的〈創世記〉讀到〈瑪拉基書〉（瑪拉基亞）[2]，而我們的聖經故事卻是直接從《新約》教起。

很多人在不知不覺間就忘了耶穌的猶太人身分，但正是他的猶太人特質塑造了福音書和其生命經驗。耶穌是猶太人，也是一位拉比（Rabi，猶太人的精神導師），說不定他還能把〈摩西五經〉（梅瑟五書）和整部希伯來聖經都倒背如流呢！別忘了，《舊約》很長、很複雜，涵蓋也很廣，甚至寫到最後，連眾人期盼許久的彌賽亞（默西亞，救世主之意）都還沒出現。然而，很多人直接從〈創世記〉跳到〈馬太福音〉（瑪竇福音），把整個以色列的故事拋諸腦後。但你知道耶穌為什麼沒出現在〈創世記〉第四章，反而到〈馬太福音〉第一章才出現嗎？——因為耶穌是整篇故事的高潮，不是引子。

如果你要談論耶穌的福音或故事，卻對以色列的故事隻字不提，那就不是真正的福音，至少不能說是完整的福音。

---

2 本書出現的聖經相關名詞（包括章名、人名等等）在全書首次出現時，皆以基督教、天主教通用譯名對照的方式呈現，方便教友閱讀。

那麼，你的人生又是什麼樣的故事？情節如何？主角是誰？目標是什麼？

無論你有沒有想過這些問題，我們心中都自有答案。對很多現代人來說，故事情節就是人生沒有意義，所以能享受人生時就該及時享受。主角當然就是自己。目標則是享樂，得到的利益越多越好，能不勞而獲更好，而痛苦則是能免則免。我念大學時，這基本上就是身邊每個朋友的人生故事。

另一些人的人生故事則是朝烏托邦前進。他們想要從原始宗教、哲學和信念出發，一步步把世界變得更美好。可惜他們不曉得，史上最「先進」的二十一世紀，同時也是最血腥的世紀——看來哲學和信念的啟蒙作用，並不足以實現完美的烏托邦世界。

那麼，什麼才是真正的故事、最好的故事？

真相是，在基督宗教裡可以找到古往今來最了不起的一個故事，但我們沒有把它說出來。

基督徒講這個故事時，往往在聖經開頭的〈創世記〉頭三章那裡，就不知怎地突然來個大轉向，而忽略了整篇〈創世記〉所深刻蘊含的美與詩意、節奏和力量。

「起初……」

很不錯的開始，對嗎？不是要告訴你一些數據、理論和教條，而是給你講一個故事。

一開頭就是罪

基督徒往往錯過了聖經開頭的篇章。要不是為了從中拿出對付進化論的武器，有些基督徒根本連〈創世記〉第一、二章都不讀——他們那本功能主義至上的聖經，是從〈創世記〉第三章開始，他們想要傳播耶穌的好消息時，更一定是從這裡起步。

這種傳教模式從「福音手環」就可以看得一清二楚：它有六種顏色，一步一步引導你看「美國版」福音故事（我說「美國版」是因為它把福音「還原」為西方現代抽象真理，耶穌對這種福音故事一定感到很陌生）。

這些手環的問題在於，它們大部分從**黑色**開始。也許你從來沒見過，手環的顏色搭配次序通常是這樣：

黑色代表罪

紅色代表血

藍色代表洗禮

白色代表潔淨

綠色代表成長
黃色代表天堂

這手環我以往也會戴，還會像工廠作業員一樣，依照一套標準程序向別人講大道理。[3]坦白說，這六個順序有點怪怪的。我認為這種版本的福音正是一大「元凶」，令今天的基督宗教言行扭曲、營養不良、受人譴責，缺乏治癒和釋放心靈的能力。

最大的問題就是，它從黑色開始。福音手環的故事，一開頭就是罪。這就像把房子蓋在爛泥上一樣。我們要告訴別人耶穌有多美好，卻劈頭就跟他們說：「你們罪孽深重、卑劣不堪，簡直是可怕極了。」我們要跟人傳遞「好消息」時，卻是從駭人聽聞的壞消息講起：「嗨，我是傑夫，可以跟你聊一兩句嗎？你是個罪人！」

或許有人會反問：「這樣講有什麼問題？這不是真相嗎？」

沒錯，這是真相，我們都墮落了，可是儘管這是真的，也不表示神的故事要**從這裡開始**。

故事一開頭就是罪，就像你在讀《納尼亞傳奇》（*Chronicles of Narnia*）時，一開場艾德蒙就已經被白女巫抓住，什麼險都不用探了；或是當你翻開《野獸冒險樂園》（*Where the Wild Things Are*），第一頁就看見主角馬克斯在森林裡跟野獸在一起，你根本不曉得這是一場夢中的心靈旅程！故事怎樣開頭，會讓你對故事的看法完全改觀。

故事都有行進，有起伏，有頭有尾。翻閱百科全書或詞典，你可以翻到全書任何地方查找資訊，而閱讀一個故事，卻要循著敘事脈絡，循序漸進。

因此，如果〈創世記〉並不是從第三章開始，為什麼我們的故事要從這裡講起？

我要指出的是：黑色就是〈創世記〉第三章。它代表人類故事的轉捩點，在這裡，我們向神的權威下挑戰書，這樣的行為我們一直到現在都還在做。

這就像是說：「你不是神，我才是。你不懂什麼是對錯，我才懂。我知道你創造了我肺裡呼吸著的氧氣，我靠它才能活著。不過你還是靠邊站好了，現在換我當家作主。」

如果故事從罪開始，我們的心靈和情感都會赤裸裸地毫無保護，羞愧、罪疚和責備會扭曲我們的存在意義，萬事萬物也會脫離原本的運行軌道。我們會知道有什麼不對勁了，有哪裡出了差錯。

不，那絕不是故事的起頭。

3 讓我講清楚一點：這些手環和其他類似工具十分有用，不可一筆抹殺，但它們不是對所有人都適用的福音大綱。我們應該把握每個機會講述最動人的大故事，不要老是講最短、最程式化的故事。

稍微讀一下古代猶太思想，便可知道〈創世記〉頭兩章對猶太人和耶穌思想的影響至關重要。這兩章把他們的一神觀念具體呈現出來。一神信仰從古至今都是猶太思想的支柱：只有一位神統管一切受造物，截然有別於古代以色列地區其他社會的多神信仰，像是信仰太陽神、月神和莊稼之神。

〈創世記〉頭幾章的敘述美麗優雅極了。神創造了秩序與美善，從混沌中塑造出意義。在神的手指碰觸受造物之前，只有「空虛混沌」（tohu va bohu）。然後神開始創作，一切美善於焉誕生。

那是多麼震撼與宏偉的場面啊！就算你看過一個畫家在畫室作畫，或一個木匠把一塊上好木材做成美侖美奐的成品，對於神創造萬物這一幕，你也頂多只能想像一下而已。神的創作沒停下來：動物、星辰、花朵、海洋和大地，然後是創造的巔峰：祂造了男人和女人──以祂自己的形象。祂讓他們在花園裡沉思、培育、管理，帶領他們到園中栽培得井井有條之處，吩咐他們把同樣的理想與美好帶到每一個角落。

這就叫故事了！一開頭就是喜悅、歡欣，還有奧秘。愛與意志、婚姻與親密關係，一次送上。

然後問題來了：為什麼不從這裡開始？為什麼不講這個故事？

平安之歌

你是〈創世記〉第一章的基督徒，還是〈創世記〉第三章的基督徒？

你要你的人生從「平安」開始，還是從「罪」開始？

希伯來文「shalom」一詞，除了表示平安，也代表一種旋律，一種萬事萬物依此運行的旋律。

所謂平安，就是跟三五好友共聚一桌、享受佳餚美酒的時光。

所謂平安，就是聽到或看到一些你無法加以解釋，卻深深觸動你心的事物。

所謂平安，就是辛勤工作一整天後，你看著夕陽西下，身體疲憊、心靈卻非常滿足。

所謂平安，就是仇恨在愛之中化解於無形。

所謂平安，就是聆聽神的聲音，隨著那個旋律起舞。

在〈創世記〉第一章，**一切都是平安**。平安之歌從每一寸受造物中迸發出來，從整片大地的每個分子裡噴薄出來，響徹雲霄。它是由最棒的立體音效系統播放的驚天動地交響曲，聲浪飆至最高峰，從四面八方向你襲來。可憐的是，如今它變得氣若游絲，旋律破碎、曲不成曲，靠著耶穌拉它一把才不致走音失調。

從〈創世記〉第一章開始的人，他們人生故事的立足點，就是世界上所有人生來就具有價值，因為他們都從神的呼吸裡獲得了生命。這些生命個體站在造物主與其他受造物之間。因為所有受造物都是**藉由上帝話語生成**，唯獨我們人類是由上帝**親手塑造**。

神對人類特別費心，別具創意。祂塑造我們時，捲起衣袖，宣告我們具備了「神的形象」。祂沒有說我們是墮落的，是罪人，是失敗者。[4] 這表示我們的初始身分（最深層的本質）是由造物主親自賦予。我們是屬於祂的。

不錯，在〈創世記〉第三章之後我們都成了罪人，但我們依然是按著神的形象所造成，不管這個形象怎樣遭到毀損。美善比詛咒更為根本——我們首先是神的兒女，後來才是離家出走的孩子。[5]

這樣想吧：聖殿即使被摧毀，剩下一堆頹垣敗瓦，它依然是聖殿。沒錯，那是個衰敗、破落、一團糟的聖殿，卻始終是個聖殿。它的初始性質不會改變。它塌毀時也不會像變魔術一樣，突然變成一幢公寓或一家餐廳。這個殘破的聖殿無法自行修復，需要來個大整修，但怎樣說它都還是個聖殿。我們的情況也一樣。我們在〈創世記〉第一章開始講的故事，比今天大部分基督徒所講的故事來得漂亮、來得氣魄宏大，這是個要讓世人傾聽的故事。我們用不著耗費九牛二虎之力，就知道自己有多糟。我知道自己墮落了，犯了大錯，表現差勁。你用不著站在街角高舉告示牌向我大喊，指出我怎樣大錯特錯——**我早就知道了**。

但是，要是你告訴我：我與生俱來就具備了不可磨滅的價值，這種價值來自造物主，而不是來自我過去的所作所為——**真的嗎？你確定？我不太敢相信耶……**

這種說法顛覆了一切。身處在現今這個不斷剝奪人類尊嚴的環境裡（許多人無家可歸、窮人遭剝削、女性被物化、墮胎、安樂死……諸如此類），我們更要回歸「平安」，回到千千萬萬年前上帝在樂園中向人類高喊的獨特宣言：「神就照著**自己**的形象造人。」[6]

不管你怎樣拚命地擦，這輩子你都沒法把神的形象從自己身上擦掉。

從個人的層面躍上宇宙的層面，你又可以看到另一個原因，為什麼故事必須從神預定的開頭講起。如果你從〈創世記〉第三章開始講故事，人類的罪就會變成宇宙的頭號

4 〈創世記〉1章26–27節。
5 首次看到這種區別，是在Jonathan Martin, *Prototype*。
6 〈創世記〉1章27節，黑體字是本書作者傑夫所加。

問題。所有一切都會以罪為中心，耶穌前來也不過是為你贖罪而已，別無其他。[7] 世界無關重要，萬物無關重要，只有人類關乎重要，因為〈創世記〉第三章聚焦於人的處境。這種想法對嗎？當然對，可是並不代表**全部**真相。當你從〈創世記〉第一章出發，所見的就不光是人的平安，而是萬物的平安。神創造世界的一刻，締造了完美的平安。這是一場美妙和諧的舞蹈，樹木、鳥獸、水、太陽、生命旋律，還有亞當、夏娃（厄娃）和一眾生物，一同翩翩起舞，舞步沒有半點錯亂。

然後罪進入世界，舞蹈撕裂了，旋律破碎了，交響曲停止了。萬物不再高奏貝多芬交響曲，取而代之響起的，就像我小學六年級時拿起伸縮喇叭試吹的第一個音符。那時我媽可沒說「哇，這真好聽」，她忙著把耳朵塞住。那可是走音的極致，拜託。

然而，如果故事的開始是萬物創造之初如何美好（包括飲食、音樂、關係、美善，以及瀰漫天地間神的臨在），那麼問題的答案就不會是以罪為中心，而是萬物的修復。神要修復祂的宇宙，就要讓打碎宇宙的人來修復它。

這個修復與和解的過程，是很深、很遠的一段路。神透過耶穌這個人和他的作為，重新塑造世上的**一切**。要明白這一點，你首先得了解神在最初的一刻，對世上的一切是多麼關心重視（創世記第一、二章）。耶穌說，一個新世界正從舊世界破繭而出，要聽懂這句話，你也首先得了解，這個破碎的世界正等待著治癒與修復。

有人認為，這樣解釋和理解福音，未免把罪看得太輕了吧！但我的看法恰好相反。這樣看起來罪反而更重大呢！你想想看，是只有人類被罪影響比較嚴重，還是整個世界（包括人類）被罪影響比較嚴重？而如果罪的影響是那麼重大，耶穌的成就豈不是更大嗎？

這又把我們帶回怎樣看聖經的問題。如果我們不認為聖經是在講一個故事，就不會想要從頭開始講起。就像如果我們不相信神在我們祈求寬恕之前原本就愛著我們，就不會真的在乎、傾聽祂的話語，更談不上發自內心地相信祂了。

你怎樣看聖經，就怎樣看神

我的愛妻艾莉莎常會做一件事，從我們結婚前就一直這樣做了。每當我踏上旅途，她總是給我寫打氣的短信，我離家多少天就寫多少封。有好幾次我的腳還沒踏進機場，就迫不及待地把信通通拆開，一次看個飽。

7 Dallas Willard, *The Divine Conspiracy* (New York: Harper Collins, 1998).

我無法不這麼做。這些短信帶給我滿心喜樂、活力和鼓勵，讓我想要一口氣從頭讀到尾（我還是小孩的時候，聖誕節前兩個禮拜就開始乞求爸媽讓我把禮物拆開，顯然我超有耐心的）。我總是急著想要讀個痛快，因為我真心相信艾莉莎愛我、希望我開心，也知道她一心鼓勵我、全心關懷我。要不是這樣，我根本懶得去讀那些信。當我們相信別人是出於關心而有話要說，就更樂於聽聽他們想說什麼。

你是不是真心相信神愛你？沒錯，在我們的文化裡「愛」這個詞語有點含糊，有點用得太濫了。那麼，你是不是相信神「喜歡」你？

相信祂因你而滿心歡喜？

相信祂真正地了解你？

相信祂因你而高興得手舞足蹈？

如果你說「是」，那要你放開胸懷、迎接聖經所說的這個偉大故事，就不是什麼大問題了。

我看過很多書和網誌談論怎樣研讀聖經。你可以選擇任何一種你喜歡的方式來讀經，但如果你認為神把你看成負累，對你漠不關心，或根本不把你當作一回事，那麼你第一眼看神的時候，恐怕就已戴上把事物扭曲變形的眼鏡了。

你的眼鏡讓你把聖經看成什麼了呢？人生導航地圖？寶劍？故事集？也許你不相信，但你對這個問題的答案，意義非同小可。隨著這個答案出現在你眼前的，是你對神的具體看法，還有你在神的計劃裡所扮演的角色。

比方說，有些人常把聖經比作「聖靈的寶劍」。在〈以弗所書〉（厄弗所書）六章十七節中，就用劍的形象來說明神的話語有如劍刃，鋒利而能施展造物之大能，並能深觸人心、充滿力量，甚至可以劃分靈與魂、骨與髓。

可是，如果你只把聖經看成寶劍，對神就只有一種固定看法了——把神看成軍官或統帥，領著我們作戰。如果神是軍隊的統帥，那我們就只能是士兵了。當然聖經裡確實有寶劍的比喻，但那不是最根本的故事元素。在創造萬物的過程中，在以色列的歷史或耶穌的話語裡，我們都不會看到其他關於寶劍的說法。

事實上，寶劍的比喻只用了寥寥幾次，用來說明基督徒生活的一個特殊面相。它是次要的故事元素，它確實存在沒錯，但它是更大的故事結構中的小小螺絲釘。在經文裡，「士兵」一詞用得還沒有「新娘」或「小孩」那麼多。如果把寶劍看作聖經的主題，把螺絲釘當作支柱，結果就是扭曲的真相，結果就是一群人緊握所謂的寶劍，念著經文指責另一群「邪惡之徒」，造成一種敵我勢不兩立的文化。

另一些人的眼鏡，則把聖經看成道德指南，用來參考所有該遵從的訓誡。問題在於，聖經裡很多內容是我們決不應該遵從的：謀殺、通姦、強姦、亂倫……可怕的事一籮筐。我曾聽到一位牧師的說法，令我茅塞頓開，他說聖經是「描述性」（descriptive）而非「規範性」（prescriptive）的。經文主要是記載神怎樣面對沉淪而叛逆的人類，而在敘述過程中帶出一些訓誡和做人的道理。

還有一些人的眼鏡，把聖經看成人生導航地圖。當然聖經確實包含人生的指導原則，像〈箴言〉就是對初生之犢的年輕人提出忠告。但我們不得不承認，聖經不是一本提供具體答案的手冊，它沒有告訴我們該上什麼大學、該跟什麼對象結婚、該選擇哪種職業。它再清晰不過的焦點只有一個，就是神的旨意：要我們追隨祂，謙卑地過活，尋求公義，聽從祂的帶領。

如果你把聖經看作你個人的人生導航地圖，就難免會把神變成聖誕老公公和好用的占卜工具。神的存在會變成只為了滿足你的欲望、回答你提出的問題，最好還能一五一十告訴你，祂要你跟誰結婚、要你念哪所學校。這種對聖經的看法是把自己放在故事中心，世界環繞著你旋轉，神變成了管家，不是主人。

看聖經的其他眼鏡還有很多。每一種看法都是其中一個故事元素，不能說全錯，但如果我們把開胃的前菜看成最重要的主菜，問題就會滾滾而來。

要記住，聖經包含六十六卷經文和書信集，由差不多四十位作者撰寫而成，編寫時間跨越了三百五十年之久，作者包括了帝王、先知、門徒和牧羊人。你可以想像看看，若要把甘迺迪總統所寫的信和一個古代農夫所寫的信拼在一起，兩者的文化、社會和哲學背景會有多大的差別！然而，聖經之美也正在此處。全書滿載著詩歌、歷史、族譜、書信，包含很多不同觀點角度、不同故事元素，給歷代千千萬萬的人們帶來了盼望。

由此可見，把聖經看作一個整體的最佳辦法，就是當作一個**故事**來讀。那是一個很長的故事，像所有故事一樣劇情曲折、情節紛繁、角色多變，有高潮，有結局。把這麼多不同風格內容的經文貫穿起來的故事主線，就是神對人類展開的救贖行動。從〈創世記〉開始，律法書、先知書、詩歌、福音書、使徒書信以及〈啟示錄〉(默示錄)，述說的都是同一個故事：面對人類的叛逆、墮落與罪過，我們的主（耶穌）如何持續不斷地帶來新生。

聖經要講的就是神——特別是祂如何成為整個世界的君王。在〈創世記〉中，神創造了我們，成為我們的神。《舊約》的中心思想，就是神的旨意是**與我們同在**。

‧舊約所講的是，神怎樣成為君王，以及怎樣修復這個世界。
‧福音書所講的是，神實際上成為君王之後，一切會變得如何。
‧使徒書信所講的是，體認到神是君王之後，我們該怎樣活出祂的光輝。
‧啟示錄所講的是，神成為君王而一切回歸平安的最終結局，也就是神最初的旨意。

當我們把聖經看作一個故事，就能看到自己在故事中所扮演的角色。我們不是在中心點，不是在主舞台，聚光燈也不在我們身上。神創造了我們，要我們跟祂一起創造，在祂交託的任務上與祂攜手合作。我們不是故事本體，但我們在故事當中！

以神為中心的偉大故事

說到底，聖經講的不是你和我，這是個好消息。

你會為了跑龍套的小配角去看一部電影嗎？沒有人這樣做的。出於個人愛好，每一部有丹佐華盛頓或威爾史密斯演出的電影我都會看，不管內容是什麼，只要他們其中一人演出，我就一定買票入場。

試著想像一下，你在看一部丹佐華盛頓主演的電影，鏡頭裡出現他酷帥的臉部特寫，突然間，你發現背景好像有點怪怪的。一開始，那怪怪的東西模糊不清，你瞇著眼看，不久之後，你發現那是一個路人角色在拚命揮動雙臂，想要吸引大家的視線。一個路人角色卻想獲得聚光燈的關注，這不是很奇怪嗎？

實際上，這種事情絕對不會發生，這個場景也不可能通過最後剪輯，因為電影要講的是丹佐華盛頓這個角色。要是這個跑龍套的恰如其分演好了他的角色，把觀眾的視線引向主要的故事（但他本身並不引起注意），電影的行進才是完美的。

我們跟神的關係也一樣。我們在**祂的**故事中，在祂的救贖行動中。祂是君王，是救主，在王座上。如果我們在這個故事中老是把重心放在自己身上，那就跟跑龍套的在三秒鐘出場時間裡拚命揮動雙臂一樣可笑。

我們應該把聖經當作故事來讀。畢竟，它是古往今來最了不起的一個故事。每當我們讀到一個好故事，那種被觸動的感覺，就彷彿有人對著我們的內心輕語。那是一個路標，指向我們共同的歸宿。那是以神為中心的天國奇妙故事。

可是我們基督徒常常講一個很糟糕的故事，就像前面提到的那些千篇一律的見證（「我壞透了，後來我遇見了耶穌，如今人生變得完美」）。又或者我們根本沒有講出什麼故事，只是說出了一些「事件」——沒有故事、沒有生命，也沒有任何特色。

但是顯而易見地，故事才是世界共通的語言。

不相信嗎？那麼問問你自己，記不記得上次聽的講道有什麼精采片段？你最近看的一部電影又有哪一段讓你印象深刻？我敢說，比起講道，電影的內容你一定記得比較清楚。然而可惜的是，「講道」這件事已經和以往大不相同，不再是觸動人心的講故事藝術，反而變成了百科全書式的事件鋪排。這種語言不能進入人心，不能引起共鳴，不能牽動心跳。反過來說，一部好電影卻能把你引入不一樣的生命中，蓋過你原有的人生。

當有人朗讀：「八十七年前，我們的祖先在這大陸上建立了一個新的國家……」大部分美國人馬上認得這是蓋茨堡講詞（Gettysburg Address）。這是史上最有名的演說之一，就憑開頭的一小段話，林肯總統為他要述說的故事揭開了序幕。這個故事述說的是美國這個國家和美國的歷史，人物、時序、情節、困境全都有了，它深深感動著每一個美國人。

我最愛的一部電影是史蒂芬．史匹伯拍攝的「勇者無懼」（Amistad）。這部電影從一個極為大膽而赤裸的角度審視奴隸制度和西方帝國主義。在其中一幕，一起打官司的辯方人員向亞當斯總統（John Quincy Adams）尋求忠告，亞當斯說：「很久以前，當我還是律師的時候……經過很多嘗試和錯誤，我體會到，在法庭上，**誰講的故事最好，誰就獲勝**。」[8]

如果我們希望鄰居、同事、家人對耶穌有不一樣的想法，就該是時候講一個更好的故事了。別忘了，誰講的故事最好，誰就獲勝。神學家懷特（N.T. Wright）這樣說：

> 大部分西方教會忘記了福音的訊息到底是什麼，忘記了聖經整體上是什麼：那是一個故事，講述造物主為一切受造物伸出拯救之手。因此，聖經故事的鴻篇巨帙，在一代又一代的傳道人和導師手中大幅縮水，變成了「我與神走到一起」的短篇故事，彷彿整個世界——包括創造萬物、亞伯拉罕（亞巴郎）、摩西、大衛（達味）、早期教會，甚至福音本身——都不過是一大群看來很權威的人，教導大家了解一個不信的人怎樣成為信徒，罪人如何得救，眾人怎樣重獲新生。
>
> 這些事情在聖經裡確實很多，但它們包含在更大的故事裡，那是有關創世與天地萬

8 David Franzoni, Amistad, 導演：Steven Spielberg (1997; Universal City: Dreamworks Video, 1999), DVD.

物，還有訂下聖約的神和人，是一個連續不斷的故事，而根據四部福音書，故事在耶穌身上達到了高潮。9

我們所受的教誨，偏偏把故事抽掉了，剩下的是一堆跟個人連不上關係的事件碎片。西方文化的思考模式，本質上偏重標準程序式的資訊灌輸，而不是創意和美善。

工廠化的救贖

教育改革專家肯・羅賓森爵士（Sir Ken Robinson）指出，我們怎樣在教育的訓練下，把故事和創意拋諸腦後。當他討論「擴散性思考」（divergent thinking，跳出框框、發現多元可能性的能力）時，提到了他的一個著名實驗：他給一組幼稚園學生每人一個迴紋針，要他們盡可能想想可以有多少種用途。以後每過三到五年，他會給這組學生重複這個實驗，直到他們中學畢業。

這一千五百個學生當中，有多少在幼稚園階段獲評為擴散性思考的資優生？百分之九十八！

然而，每次重複實驗，這個比率都不斷下跌，實在令人驚訝與嘆息。我們總以為小孩子在解決難題和創意方面會持續進步，尤其他們還在教育系統之下接受訓練。「但過程中發生了一件最重要的事，我不得不承認，就是他們現在**受教育**了。他們在學校裡花了十年，被告知凡事都有一個答案，就在他們身後，卻要他們不要往後看——也不可以抄別人的，那是作弊。」[10]

我忍不住想到教會界的一些現況。我們沒有察覺，工廠標準程序式的心態已經不知不覺地滲入了教會，幾乎把大家的創意和好奇心都沖刷掉了。我們跑去跟人家說：「你需要重生。」又跟另一人說：「你需要重生。」再跟另一人說：「對，你也需要重生。」我們把救贖變得工廠化、程式化，乾脆給我一套標準作業程序算了！

但你知道嗎？耶穌不喜歡標準作業程序。他使用「重生」這種說法，在聖經裡也只有一次。[11]

在〈約翰福音〉（若望福音）下一個故事裡，耶穌就換了一種說法，他告訴一位女

9 N. T. Wright, *Surprised by Scripture* (San Francisco: HarperOne, 2014), 138.

10 "Changing Paradigms," RSA Edge Lecture with Sir Ken Robinson, June 16, 2008, RSA House, London, https://www.thersa.org/discover/videos/event-videos/2008/06/changing-paradigms/.

11 〈約翰福音〉3章3節。

子，她需要喝的是活水，而不是隨便用其他什麼水來解渴。

耶穌很有創意，他總是到別人經常出沒的地方，跟他們碰面、聊天。他像個醫生，給碰上的人對症下藥。順便一提，「重生」故事的對象是個有虔誠信仰的人，自以為前途無憂，因為他生下來就是亞伯拉罕家族的後裔；至於「活水」的故事，當時耶穌正坐在一口井旁，就地取材向那位女子解釋，這裡的井水不能解除永久的渴。

我們為什麼不教人在吃喝、呼吸中領悟聖經的故事？或在聖經的大故事中瞥見自己的小故事？或講一個比世間的故事更好的故事？

有趣的是，有很好的科學證據顯示，神要我們透過故事來領悟真理。最近的一項研究顯示，專門掌管創造力、故事構思和藝術的大腦右半球，比起掌管邏輯思考、分析和理解力的左半球，在構造和設計上都更早接收和處理資訊。這表示上帝創造人類，是讓我們先看到整體的大構圖，並由所有感官透過藝術和美感將之整理一番，最後才輸出成為理性的認知。

假設現在倒轉過來，讓左腦來帶頭，那就會像神學家懷特指出的：「這就有如文化上的精神分裂。但這種假設今天卻深深扎根在現實世界裡，徹底支配著我們對一切事情的取向，甚至包括了對聖經的看法。」12

難怪耶穌不會跟門徒在書桌前坐下來，或在白板前講課。耶穌的追隨者與他同行。他們一邊走，一邊聽耶穌講故事——無所不包的故事：迷失的羔羊、丟失的銀錢、婚宴、撒種之處、富翁和乞丐、浪子回頭、半夜叩門……等等。

耶穌是有史以來最富創意、最具魅力、腦筋最靈活的老師，我們卻把他降格成壁爐邊的裝飾品。沒有任何人所講的話，能比這位公元一世紀的拿撒勒（納匝肋）人迸發出更大的能量、激發出更深的驚歎和敬畏，可是，我們卻寧可老是講「屬靈四律」或「通向救恩的羅馬路」。[13]

是時候把這些標準作業程序停掉了，讓故事展現它的真、它的美。

我們擁有的是古往今來最了不起的一個故事，讓我們開始活在其中，並且將之述說出來。

12 Wright, *Surprised by Scripture*, 135.

13 上帝可以、也將使用所有辦法把我們引向祂跟前。祂總是凌駕於我們所用的方法之上，甚至能透過我們的薄弱意志、軟弱無能、甚至扭曲想法，來跟我們分享福音訊息。但我們不該因為祂具備這種化腐朽為神奇的能力和意願，而放棄尋找最佳選項或講更好的故事。

第二章

聖殿跟你想的不一樣

那不是一棟建築，是神在你家後院搭帳篷

The Temple's Not What You Think

我在成長過程中，一直認為刺青是壞事。因為很多人告訴我，耶穌為身上有刺青的人而死，刺青是罪惡。有這種想法的人通常會引用〈哥林多前書〉（格林多前書）六章十九節來支持他們的論點：「豈不知你們的身子就是聖靈的殿麼？」

不過這麼一來，同樣的經文也可以拿來宣傳速食之害，因為速食的人工成分同樣傷害身體。可是，如果你把經文放回原來的背景，便可看到保羅（保祿）想要講的，其實是一種**看不見**的罪，也就是與他人不當的肉體結合。

這樣說起來，這段把身體比作聖殿的經文，所指的事情遠比我們所想的更具震撼力、更令人羞恥啊！

話說回來，在公元一世紀的猶太山地，「聖殿」一詞的分量很重，人們對它帶有強烈的情感，幾乎每一頁希伯來經文它都會出現，是猶太人生活的重心。我們之所以對「聖殿」的聯想有偏差，可能是因為我們現實生活中沒有真實存在的聖殿，也很少再使用這個詞語（好吧，我們也有功能上相同的東西，只不過我們叫它做購物商場、健身中心或銀行）。

聖殿是敬拜神的地方，在保羅和耶穌的世界裡，它是天堂與俗世的交接點：天堂與俗世恍如兩個圓形，這兩個圓形中間重疊、接合的地方就叫聖殿。1

天堂是神的空間，也是祂的居所。這裡一切按著神的旨意運行。天堂的運行之道就是平安。在耶穌誕生之前，猶太人把聖殿看作天堂被摘到地上來的一片空間——一進入聖殿，就進入了人類與神相接的神聖空間。

但要真正了解聖殿的涵義，必須回到天地之初。有些基督徒所受的教導，是把〈創世記〉第一、二章看作辯論的戰場，而不是美麗的故事。一提到這兩章經文就進入戰鬥狀態，要對創造天地萬物到底花了幾天大辯一場。

以前在我的周遭，很多人都把〈創世記〉第一章當成測試一個人是不是好基督徒的「石蕊試紙」：你認為世界是七天裡創造出來的，還是進化而來的？地球的年齡是六千年，還是四十五億年？

根本的問題在於，無論哪一個論點，聖經都無意提供它們所尋求的答案。期望〈創世記〉第一章證明地球年齡是不是六千年，就像是要求莎士比亞證明萬有引力存在或地球繞著太陽運行一樣。再簡單不過的真相就是，莎士比亞和聖經的作者在執筆之際，都沒想過要解答這些問題。所以，基督徒是不是該謙和一點，不要拿聖經來證明一些原作者沒打算談論的事情好嗎？

1 〈以賽亞書〉（依撒依亞）66章1節。

還是你認為〈創世記〉作者在講述造物的故事時會這麼說：「你知道嗎？我是真的想要人們相信世界是在七天裡造出來的——就是字面意義的一天二十四小時，七天一百六十八小時！」當然我們可以如此推論，但還是得老實承認，這不是作者的原意。只要完整地讀過一遍，就可清楚看到〈創世記〉的著眼點不是這種細節，而是天地生成之初的宏偉構圖。它要解答的是「為何」的問題，不是「如何」的問題。

記住原來的故事

〈創世記〉的寫作，是在以色列人逃出埃及而流落曠野一整個世代之後。不要忘記，那時以色列人剛擺脫了超過四百年的奴隸生涯，在那之前，他們曾經飽受壓迫和殘酷對待，深陷不安之中。

如果你對美國奴隸制度和南北戰爭前黑奴所受的虐待有所了解，並覺得那些慘況非常可怕，那你對以色列人的遭遇也該有同感。埃及人殘暴不仁，又因為以色列人的生育率超過埃及人，使埃及人深感不安，對以色列人更是滿腔仇恨。

勞動原本應該是歡樂和幸福的，埃及人卻把勞動變成令人苦不堪言的壓迫工具，但以色列人竭力忍受「所受的困苦」。[2] 他們不停地製作磚頭，做得不夠多就挨打。可以肯定的是，他們像其他歷史時期很多奴隸的悲慘遭遇一樣，被隨意虐打甚至殺害，過著非人生活，遭到強姦，受到言語暴虐，以至於徹底垮掉。

在這樣的困境下，人們會忘掉自己原來的故事，會不記得自己是誰、為何在這裡，還有來自哪裡。摩西講述〈創世記〉的故事（和摩西五經的其他故事）就是為了提醒以色列人為什麼他們在這裡、他們的神是誰，以及神的應許和計畫如何追溯到創世之初的秩序。假如他講的是一個充滿痛苦和壓迫的悲慘故事，只會令民眾混淆不清，看不到他們在曠野掙扎求存的背景和原因。

他們要聽一個**更好**的故事，

一個**更真實**、**更可信**的故事。

我的小女兒金絲莉才六個月大。摩西講〈創世記〉的故事，就像我想和金絲莉講我們貝斯齊家族的故事一樣。等她長大一點，我們可以一起坐在營火旁，我會跟她分享家

2 〈出埃及記〉3章7節。

族故事：我們的傳統、救贖、恩典和人生目標。

她會聽到媽媽艾莉莎跟我談戀愛，一度觸礁分手，後來和好如初，終成眷屬。她會知道為什麼爸媽決定她長大的地方是夏威夷的茂宜島——我們談戀愛時艾莉莎曾在這裡住過幾年——而不是艾莉莎和我從小長大的西雅圖。她會知道為什麼她叫金絲莉，為什麼我從來不讓她騎摩托車（我父親大半輩子擁有一家哈雷機車店，我目睹他幾次發生意外，還因此鋃鐺入獄、飽受挫折）。我會跟她分享那些塑造她人生的故事。一個人如果不曉得自己曾踏足哪裡，就難以知道將來要往哪裡去。

這就是〈創世記〉寫作的前因後果。以色列人逃出埃及，但埃及的影響卻陰魂不散。埃及的生活方式、無休止的勞動、偶像崇拜，就是以色列人唯一知道的「生活」。

因此，摩西講述他們祖先的故事，證明上帝不是埃及那些神祇。神沒有要求他們只能這樣活著，那也不是他們淪落至此的原因。在淪為奴隸之前，他們擁有另一個故事，也擁有他們的生活目標。

我可以想像小孩子在營火前擠作一團，聽爸媽講述樂園、亞伯拉罕、約瑟（若瑟）等史詩故事。當你把鏡頭拉回去，迅速把〈創世記〉瀏覽一遍，就會看到它其實分成兩部分。在第十一章之前，所有故事都不斷往下沉淪：該隱（加音）殺死弟弟、世界邪惡不堪、人類為了「傳揚我們的名」而要建造巴別塔（巴貝耳塔）。然後到了第十二章，突然來個一百八十度急轉彎：神告訴一個來自美索不達米亞的商人亞伯蘭（後來的亞伯拉罕），要透過他的家族世系拯救全世界。於是，史詩般的戲劇在第十二至五十章開展，神的承諾在亞伯拉罕、以撒（依撒格）、雅各（雅各伯）和約瑟等人身上實現，他們有時受到挫折，但神的祝福從來沒有離棄他們。神永遠信守祂的承諾。

構建聖殿

講到這裡，我們再次聚焦於故事一開始：在〈創世記〉第一章，我們看到一個美妙得令人難以置信的創世故事。在前三節我們遇上神聖的神，祂從混沌中塑造出秩序和美善。祂創造了空間，其中處處充滿著美善。

你有沒有看過那種懸疑曲折或轉折很大的電影？我看過最喜歡的就是「全面啟動」（Inception）和「靈異第六感」（The Sixth Sense）。這類電影有時要看第二次才能看懂。因為你再看一次時，會注意到很多之前被你忽略的東西，那時你才會恍然大悟。〈創世記〉就是這樣。古代近東地區跟我們今天的世界很不一樣，而聖經的作者是以

「讀者跟他們有一樣的文化記憶」為前提來寫作，但我們這些現代讀者所擁有的卻是另一種文化記憶。因為我們跟當時的文化距離那麼遠，對於〈創世記〉裡的隱喻和典故，能一次就看出來的恐怕不多。

如果是古代近東地區的經師，一看〈創世記〉第一、二章，就能認出這段經文是在描述「構建聖殿」的過程。古希伯來人會在這兩章經文裡看到很多意有所指的標記，我們卻看不出來。在當時，講到聖殿構建的文章都會含有兩個標記，藉此跟其他文章區別開來，而這段經文正符合這個特點。

第一個標記就是，聖殿建造完成後，人們會在工程的最後一天把神的形象放進聖殿裡，這是一個印記，表示大功告成。第二個標記是，人們會在完工的第二天休息、慶祝，邀請神的降臨。這是古代版的落成典禮，趁著休息的這一天，祈求神的臨在充滿聖殿每個角落。

聽起來是不是覺得蠻耳熟的？

在〈創世記〉第一、二章，在創造萬物的最後一天，造物主就做了兩件事：一、讓亞當和夏娃進入樂園，藉由他們把神的形象顯現出來；二、停工休息，並把這天定為安息日作為紀念，神也進入了樂園。希伯來和以色列的讀者都認得這兩個標記，他們會說：「在創世的故事裡，神是依照構建聖殿的過程來做工的。」〈創世記〉所敘述的，就是聖殿的構建。

但是，這段經文有一點十分奇特，跟古代近東地區的其他宗教截然不同，它所描述的片段裡：

沒有建築物，
沒有殿堂，
沒有一磚一瓦，
沒有聖殿！

一般來說，聖殿的裡裡外外總有些標誌物件來代表神的形象，通常用金屬、木材、石頭造成，是靜止不動的。但在〈創世記〉裡，神的形象卻顯現在人的肉身之上，那是精神、肉體、愛與人性的結合。神讓亞當和夏娃置身樂園，就是大聲清楚表明：從最初一刻祂就無處不在。整個世界都是神的聖殿。

在創世的第七天，神的臨在遍布了世界每個角落。其他神祇都是地區性的，控制範圍不過是太陽、海洋、田野等自然界的一部分；以色列人的神卻是**世上一切**的神，並且**無處不在**。古代近東地區的各種神，就像我們今天眼中的國家主要領袖。

所謂的「以色列總理」就是以色列這個國家的總理，而不是中國的總理，這種想法非常合理。而同理可證，「美國總統」就是五十個州所組成的美利堅合眾國的總統。如果有人說美國總統其實是世界上每個人、每個國家的總統，一定有很多人會被惹毛，因為這樣講等於沒把世界上其他領袖放在眼裡。

然而，聖經所說的神卻正是這樣。祂是萬事萬物、任何時間空間的神。祂不像其他諸神無情善變。大部分古代近東地區的神祇都要人類逢迎，才能確保太陽每天升起、海水流轉不斷、莊稼生生不息。如果出了什麼亂子，就要馬上看看人類是不是得罪了哪位神祇。

但是，掌管全世界的上帝所體現的卻是美和愛，奇妙無比。祂開出一片天地，讓祂的兒女繁衍不絕。祂對所有受造物和代表祂形象的人類，莫不關愛備至。

與人同住

目前世界上僅次於聖經、流傳最廣的創世故事，是公元前十七世紀刻在七塊陶板上的巴比倫史詩《埃努瑪．埃利什》（*Enuma Elish*）。內容敘述將要成為巴比倫主神的馬爾杜克（Marduk）創造了人類，作為諸神的奴僕。在這個神話裡，人類的誕生只是馬爾杜克興起創造過程的插曲，但在〈創世記〉裡，人類的誕生卻是創造的顛峰！我們是「神的形象」的化身，是「神的形象」的一面，更是神的一部分。祂讓我們成為世界的共同創造者與培育者，祂差遣我們走向世界每個角落。

這一點在猶太人的故事中是最根本的，對於剛逃出埃及的猶太人而言，這也具有深刻的顛覆意義，因為他們在埃及被看作一文不值的奴隸。

在〈出埃及記〉（出谷紀）中，神說祂要「住在以色列人中間，作他們的神」[3]。一千年後，〈啟示錄〉作者約翰告訴我們，他「聽見有大聲音從寶座出來說：『看哪，神的帳幕在人間。祂要與人同住，他們要作祂的子民，神要親自與他們同在，作他們的神。』」[4]這就是整部聖經的主題曲。[5]

因此，貫穿整部聖經的其中一個主題，並不是「讓人得救」，而是神要下來**與人同**

3〈出埃及記〉29章45節。
4〈啟示錄〉21章3節。
5〈出埃及記〉25章8節；〈利未記〉〈肋未記〉26章12節；〈撒迦利亞書〉（匝加利亞）2章10節；〈哥林多後書〉（格林多後書）6章16節；〈啟示錄〉21章3節。

住。我們那麼在乎上天堂，上帝關心的卻是把天堂帶到地上。〈啟示錄〉二十二章甚至說新的天地不需要聖殿，因為我們就住在神裡面（回歸〈創世記〉的想法！）。我們費很大的勁想要離開這個世界、進入天堂，神卻費更大的力來重塑這個世界，並來到這裡與我們同在。

與人同住是神的目標，所以祂把以色列人從埃及救出來時，指示他們怎樣建造禮拜堂（等於可動式聖殿）。神要住在以色列人中間。他們遷徙，神就跟著遷移。

走著走著，到了大衛王和所羅門（撒羅滿）王的時代，神就指示他們建立神的永久居所。6

所羅門王建造的聖殿，在最神聖的地點彰顯神的榮耀，足以代表以色列國族以至於個人的身分。它是世間一切的中心：耶路撒冷城圍繞著它建造起來，民眾也根據聖殿的年度節慶安排生活。可是，也許時常跑去耶路撒冷太累了，也許是想管控自己的生活，以色列人竟然敬拜起其他的神來。自從人類在〈創世記〉第三章沉淪後，敬拜假神似乎是自然發展下必然的結局。

以色列人喜歡容易操控的神，但造物主顯然不是這一型的。於是他們對聖殿由尊崇變成愚弄。即使真神耶和華（雅威）就在殿裡，他們卻在聖殿四周追隨其他的神，甚至大膽追隨要拿小孩子獻祭的摩洛（摩肋客）。

神終於下判決了，也許為了喚醒他們，祂讓耶路撒冷的領袖流落巴比倫，被敬拜馬爾杜克的人奴役。在此之前神已離聖殿而去，接著，聖殿被摧毀了。[7]

你能想像那樣的情景嗎？試想一下，美國的白宮、五角大廈、林肯紀念館、華頓紀念碑和國會大廈通通毀於一旦——以色列人目睹聖殿被巴比倫王尼布甲尼撒（拿步高）夷平的那一刻感受如何，我們也只能由此稍微比擬一下了。他們變得一無所有，只能唱歌抒懷：

我們曾在巴比倫的河邊坐下，
一追想錫安就哭了。
我們把琴掛在那裡的柳樹上。
因為在那裡擄掠我們的，要我們唱歌；
搶奪我們的，要我們作樂，說：

6〈列王紀上〉（列王傳上）6章1節；〈歷代誌上〉（編年紀上）22章。
7〈耶利米書〉（耶肋米亞）52章。

「給我們唱一首錫安歌吧。」8

一個世代之後，巴比倫被波斯擊潰，部分猶太人獲准回到耶路撒冷，開始重建聖殿。但顯然神再也不在聖殿裡了。「真神降臨的榮耀」一去不返。

由此直到《舊約》結尾，以色列人流離失所。神什麼時候回到他們身邊？祂答應將會回來，與祂的子民同在，置身於他們中間。

你能想像嗎？時間一百年、一百年地逝去，他們在渴望和悲痛中祈求上帝重臨。每過一年，他們的期望就愈大：上帝什麼時候才會有新的動作，一個很大很大的動作？

終於，那個動作發生了。卻不像他們所期待的。

神在你身邊搭帳篷

當猶太人還在等待耶和華的榮耀重臨聖殿時，〈約翰福音〉的開頭是這樣寫的：「太初有道。」

任何一個虔誠的猶太人都會馬上認得，這卷經文的導言跟〈創世記〉的導言一模一樣——那是講萬有的開頭、萬物的創造，神的臨在覆蓋整個大地。約翰借用〈創世記〉的語言，讓讀者準備迎接一個新故事——那是另一個新的開始。就像你聽到我在演講開頭說：「那天，我有一個夢想。」你就知道我想要喚起的是怎樣的期待。

跳過幾節經文看下去，你可以看到基督宗教最有名的其中一段經文。約翰說，最初「道」就存在，這「道」有神的模樣，與神同在，也就是神。這段經文多有名？當你啜飲一口熱巧克力，準備播放「薩克斯風天王」肯尼吉（Kenny G）的聖誕專輯時，你可能會先念一遍〈約翰福音〉一章十四節，這是基督降臨的經典前奏：

道成了肉身，
住在我們中間。

這裡翻譯為「住」的希臘文原文是 eskenosen，字面意義可解作「搭起帳篷」。約翰大聲而清楚地說，耶穌在我們中間搭起他的帳篷（神的神聖居所）。他的身體就是天堂與俗世的接合點——聖殿終於圓滿實現，它自始至終都指向耶穌這偉大的聖殿。

8 〈詩篇〉（聖詠集）137章113節。

神的榮耀回到聖殿，搖身一變成為一個猶太拉比，多麼妙不可言！

約翰用短短的幾節經文，引發了爆炸性的極大迴響。耶穌是創世二·〇的新版本，是另一次創造的開端；神藉此在我們身邊搭起帳篷，**與祂的子民同住**。

你相信嗎？要是相信了，會是怎樣的情況？

在成長過程中，我一直相信耶穌在很遠很遠的地方。他站在天堂裡，雙臂交叉抱於胸前，等著我改過自新。即使他拿出恩典讓我看，我也只能想像他翻著白眼對我說：「喂，別再第N次重蹈覆轍了。」

但約翰說的卻截然不同。神真的要與我同住，祂真的要在我人生中搭起帳篷。當我一次又一次做錯事，祂說：「嗨，我們是提供終身保固的！」

耶穌是貼近我們的神。這種想法很多時候還是難免令我掙扎一番。因為神是那麼**貼近**，近得我們可以觸摸，祂會看到我們怎樣一團糟。神為了達成目標，成為我們當中的一分子。

當耶穌來到世上，你或許以為猶太人會說：「好耶，終於來了！我們一直等著你來拯救！」

但怪事發生了：他們**拒絕**了他，對他說「謝謝，再聯絡」。因為他看來太奇怪了——他是個嬰兒，是農家小孩，是拿撒勒人。他是一位只談論愛（而不是暴力）並想以此擊倒邪惡的拉比。千百年來，猶太人期待的是一個君王，揮舞寶劍殺敗壓迫者，重建聖殿。他們從沒料到，這位君王跟酒鬼、罪人、城中妓女同桌吃飯。這怎麼會是救世主彌賽亞呢？

以色列的故事，以及耶穌怎樣以完全出乎意料的模樣一步跨進故事裡，是今天值得學習的課題。假設你和一個身分不明的人有約，五十年前就約好了。五十年來你老是聽說他是個又高又壯的武士，你一直想像跟他碰面時的情景。終於那天來到，你在餐廳裡滿心期待地等，只見走進來的是個骨瘦如柴、毫無骨氣、有氣無力的傢伙。你一定會對他不屑一顧，因為現實跟你期待的差太多了。

我們絕不應該把神放進自己預想的框框裡。我們按著祂的形象造出來，如果倒過來把神塑造成我們自己的形象，那就危險了，勢必會錯失神為我們訂下的計畫。為此，耶穌內心十分悲傷，他將十字架擱在胸前，說：「你沒有認出上帝拯救的時機。」[9]

人們一直等待著神的到來，但當祂真的從人們面前走過，所有人卻視而不見。

9〈路加福音〉19章44節。

當耶穌進入聖殿

〈馬太福音〉記錄了耶穌的生平事蹟。耶穌被釘十字架之前，他對一隻驢子、銀錢兌換商人的桌子和無花果樹做了一連串令人費解的事。要明白這些行動有多令人震驚，首先要知道以色列歷史一些細節。

你也許聽說過國王亞哈（阿哈布）和王后耶洗別（依則貝耳）。他們是北以色列王國的暴君，他們的兒子約蘭（耶曷蘭）同樣殘暴不仁。神差遣先知以利沙（厄里叟）到戰場找尋軍官耶戶（耶胡），膏立他為王。儀式完成後，耶戶的士兵把袍子鋪在他腳下，喊道：「耶戶作王了。」（耶戶後來一箭穿心射殺約蘭，踐踏王后耶洗別的屍體，行動至為激烈，不過那就是木另一個故事了）10

也就是說，本來有稱君稱王的人在位，但耶戶徹底把他推翻，民眾把袍子鋪在他腳下表示效忠。這是個令人難忘的故事，所以當耶穌進入耶路撒冷——世界的中心、昔日聖殿所在地錫安——的時候，公元一世紀的猶太人應該都認得出這是耶戶故事的翻版。

每個人都曉得這是耶穌的歷史一刻。這是君王進京，名正言順登上王座！但他卻做了一些讓人不解的怪事：他不是像耶戶那樣騎著戰馬，而是騎著驢子。但群眾沒有因此而卻步，他們把袍子鋪在地上，高喊：「和散那（賀三納）！大衛之子！」意思是：「救世主！君王！」

耶穌駕著座騎進城，一大群人在後面列隊行進，這是他的追隨者所期待的，但情況卻不是他們心目中想像的那樣。他們期望有人打垮來自羅馬的異邦統治者，耶穌卻把矛頭指向以色列人和耶路撒冷。[11]他們想要一個君王，耶穌卻不是登上金碧輝煌的王座，而是登上木造的羅馬刑具，這個十字架頂端還掛著史上最諷刺的一個標記：「猶太人的王」。他們期盼彌賽亞擊潰羅馬和邪惡，但耶穌攻擊的卻是真正的敵人——罪惡和死亡。[12]

耶穌在進城發出大膽叛逆的政治訊息後，緊接著做了什麼？把武器散發出去準備發動攻擊？煽動民眾一同反抗羅馬？不，他做出一個反文化宗教的行動：走進聖殿，打翻銀錢兌換商人的桌子。

這也許是最常被誤讀的一段經文。在我的成長過程中，經常聽說耶穌這樣做是打擊那些把聖殿變成大賣場的人，因為他們褻瀆宗教。可是，聖殿其實就是這樣運作的，猶

10 〈列王紀下〉9章9–10節。
11 〈馬太福音〉24章。
12 N. T. Wright, *Matthew for Everyone*, Part 2 (London: Society for Promoting Christian Knowledge, 2002), 65–69.

太人要遠道前去耶路撒冷獻祭，你要他們大老遠帶著一群牛、羊、飛鳥一起旅行，是很不切實際的一件事。

於是有人在聖殿前院販售動物（還有五穀、水果和酒），供獻祭之用。猶太人可以在當地拿到祭品，然後交給祭司。這種便利當然要花錢。這個大家都接受的傳統並不是耶穌攻擊的目標，令耶穌感到憤怒的，是更為暗藏不露的事。

我想，耶穌推翻桌子時大喊：「我的殿必稱為禱告的殿，你們倒使它成為賊窩了。」13 這番話是從《舊約》兩句很有名的經文揉合而來，殿裡所有人應該都聽得出來：一句來自〈以賽亞書〉（依撒意亞），一句來自〈耶利米書〉（耶肋米亞）。

〈以賽亞書〉那句是：「因我的殿必稱為萬民禱告的殿。」神要聖殿有一天成為歡迎萬國萬民的地方；眼前的聖殿卻擠滿了自己人，變成一個鄉村俱樂部，還是個想要掀起動亂的暴動革命俱樂部。

耶穌那番話中所謂「賊」，可以理解為「暴動革命分子」。聖殿成為了猶太民族主義者的地盤，他們熱切相信要用武力把天國帶來人世。以色列和聖殿原是代表萬民的福音，以色列人卻自立山寨，把外人全當作壞蛋。〈耶利米書〉第七章所說的，正是以色列人在這方面變得邪惡腐敗。

〈摩西五經〉裡有很多規矩，令聖殿只容得下某一種或某一群人。神原是打算在這裡先塑造一個家族和一個社群，再讓他們走出去祝福其他萬國子民，為世界帶來光芒。可是以色列的光熄滅了，他們只管一心一意踢走羅馬人，而不是讓神在這個帝國發光發熱。

注意一下，耶穌整治了聖殿之後，就有「瞎子瘸子」到他跟前，都被醫治好了。這些人原被拒於聖殿門外，因為他們有病、不潔淨，如今卻第一個受惠於耶穌——這個真正的聖殿。

耶穌進城後，第一砲不是向外邦人開火，而是翻轉聖殿，向自己族人宣戰。推倒祭品販子的桌椅是一場戲，他刻意擾亂秩序，吸引所有人的注意。當銀錢撒滿一地，獻祭馬上停擺。買不了祭品當然不能獻祭。人們要把所有銀錢撿起來，把攤子重新搭起來，時間一刻一刻過去，祭壇靜止無聲。

在眾人面前大鬧一場之後，耶穌接下來咒詛一棵不結果的無花果樹。他這麼做並不是出於偶然。無花果樹是當時以色列領袖的象徵，這就無異控訴那群人：說他們迷失了，搞不清楚自己存在的意義。他們不再是引領眾人進入上帝之家的牧者，而是狂暴的革命分子，把非我族類視為死敵。

13 〈馬太福音〉21章13節。

當時，以聖殿矗立的那座山為背景，耶穌告訴門徒們，只要對他有信心，就能把山挪開。這不是說禱告能讓你擁有神奇的巨力（儘管這也是真的），而是耶穌在提醒眾人，只要與他同行，就能產生意想不到的能力和勇氣，跟古往今來最強大的宗教組織對抗，因為這個組織已被廢去了力量，正在面臨審判。此刻上帝與誰同在呢？就是這群追隨耶穌的社會邊緣人。

在美國的近代史裡，為黑人爭取人權與自由的民權運動，就完美回應了這樣的精神。我對馬丁路德·金恩（Martin Luther King Jr.）最佩服的，就是他並非倡議全然不同的新主張，他只是呼籲各界領袖和組織，真切遵守已付諸實行的法律、法令和規章。我們的先人明確肯定所有人生而平等，民權運動的支持者儘管受到毒打、遭私刑處死、被犬隻撕咬、被消防水柱攻擊，還是堅定不移，以行動表明絕不退讓。

一群看來不可能成功的人，其實能把掌權者推倒——尤其當權力已經腐化時，更是如此。我們豈能坐視原本賦予我們權力的國家權柄，公然違背當初的承諾，不再保護萬眾平等？直到今天，耶穌仍然召喚我們完成這個重要的任務。讓我們隨時從上帝那裡領受美善與恩典，以此光照我們的鄰人以至於全世界吧！

顯露脆弱的上帝

昨天我做了我很喜歡的一件事：和小女兒金絲莉一起躺在地板上，心甘情願像個傻瓜一樣。

她還不能走路，我們讓她跟幾件玩具在地板上一起躺著，看著她在客廳裡滾來滾去。我很多時候會從沙發上一躍而下，肚皮著地，跟她一邊笑著一同滾動。我總是跟著她用聽不懂的嬰兒語言交流，高聲發出不知所云的怪聲音。說也奇怪，我覺得這樣再正常不過，儘管聽起來十分可笑。

我跳下去陪伴她，就因為我喜歡跟她在一起。父母和子女之間——尤其這個年紀的孩子——有一種特殊連繫，這種連繫是其他人之間沒有的。

不相信嗎？不然你試著想像一下，我走進會議室參加一個業務會議，一踏進去就往地上滾，還發出一些奇怪的聲音，我保證其他人馬上就要叫警察來了。

跟金絲莉一起講那些嬰兒語言是一段獨特的時光，我一點也用不著抑制自己。這是童趣，是愛的表現，我熱愛這樣做。我毫不擔心這樣做有沒有實質效用，不擔心失禮、丟臉，也不擔心金絲莉是否知道我們兩個分別是什麼角色。我只是捲起衣袖，進入她的世界。

我相信聖殿也像這樣。沒錯，它是神聖崇高的建築，不過從上帝方面看來，那只是祂跳下來跟我們在一起的方式。

進入聖殿的上帝展現了某種脆弱感。其他大部分神祇要你小心對待才不會溜掉，聖經的真神卻不怕在我們身上押下賭注，對我們不離不棄。祂說：「我不會放棄。我的目標是與子民同住，我要緊追不捨直到大功告成。」對於神會顯露脆弱這一點，我們可能會覺得難以接受：全知全能的神也會脆弱？但是，這正是我想認識的神。

所羅門王的聖殿是一座真實的建築。但我們沒有察覺到，要造物主住在這樣一座建築裡是多令人難以置信的一件事，祂是那樣謙卑、也會顯露脆弱。這表示你要無限的神置身於有限的空間，要創造萬物的神住在木與石的構建物中。

你可能會以為，神願意與祂的子民同住，以色列人一定求之不得、感動得不得了。才不是呢！以色列人自以為是，歷經諸位先知而絲毫不改，他們冥頑不靈、崇拜偶像，還不知感恩。

令人訝異的是，神沒有把心一橫，說：「好吧，你不要我，我也懶得要你。」祂大可以這樣做。可是祂堅持不懈，恪守承諾，鍥而不捨。祂渴望與子民同住的心情，始終如一。

祂走向我們、緊追著我們，直到一切歸於寂靜。整整四百年，祂的諾言仍在：祂必再來。

然後耶穌降生，道成了肉身，成為行走的聖殿。神的居所現在與我們同行，但很多猶太人卻錯過了他。他們嗜權如命，遠勝於對愛、公義和憐憫的渴慕。

事實上，他們竟然把他殺掉，把他送上十字架——我們人類把神送上了十字架。

你可能會以為，最後上帝忍無可忍，乾脆把人類滅絕。你能從神的角度看到滿腔悲痛嗎？試著想想，你的朋友或兄弟姊妹誤入歧途令你如何傷痛，再把這種痛乘以數十億人口、乘以數千年歲月，這就是神忍受著的痛苦了。祂原可以高高在上、對人類不聞不問，但祂知道，要是沒有這樣的脆弱，也就沒有愛可言。

因此，面對我們千百年來的叛逆，祂沒有一揮手讓人類毀滅。相反地，祂從墓裡復活，讓聖靈與我們同住！可是這樣一來，等於為祂帶來更多的脆弱——我們會做出很多事令聖靈深感悲痛，因為我們就是祂的居所、祂的聖殿。

神總是願意為我們多走一步。

每次祂向我們顯現，都少了一層防範，
為了讓我們認識祂而令自己更顯脆弱。

其他神祇看來都那麼高不可攀、充滿權威，要我們主動踏出第一步，迎合取悅。但耶穌說：「不，我會踏出第一步主動靠向你，甘心冒著受傷的風險，上門找你。」他窮追不捨，一再向我們表明，總有一天，他的愛能贏得我們的心。而你，願意倚靠他、回到他的身邊嗎？

水充滿海洋

神在聖殿中，神在耶穌身上，如今神在我們裡面。聖經反覆回到〈啟示錄〉第二十一章所說的，我們不再需要聖殿，因為我們就住在神裡面。

如果你要找一節奇異的經文，想知道到了時間盡頭世界是什麼模樣，那就讀一下〈以賽亞書〉十一章九節吧：「耶和華的知識要充滿遍地，好像水充滿海洋一般。」

這裡的「知識」一詞，希伯來文原文可解作「親密／熟悉」。這不是科學或數學知識，而是由於親密而熟悉，就像你結婚後熟悉你的伴侶。

這節經文也表明，在時間的盡頭，一切回復原貌：神的權威、榮耀和知識將覆蓋大地，就像水注滿海洋一樣。

乍看之下，這段經文有趣而富詩意，可是你想想，是不是有點怪怪的呢？水要怎樣注滿海洋？我曾住在華頓州山區一座小湖附近，那是個人工湖，每年冬天要把水排掉。我寫這篇文章時往外望過去，湖裡空空如也，只剩下一個周邊堆著泥汙的巨洞，散布著樹木的殘幹。

當我們把水從湖裡排掉，湖也就沒有了。水不光是「注滿」海洋，水本身「就是」海洋。兩者密不可分，兩位一體，海洋就是水的一種形式。

所以，神在這裡表示，當祂最終達成目標、與子民緊密同在，罪惡、死亡和所有邪惡都會煙消雲散，神的榮耀與美善，跟大地以及我們的生命深深融為一體，不復可分。就跟水和海洋的關係一樣，神的榮耀和大地徹底融合，永不分離。

這是你目前的生命軌跡嗎？

聖經了不起之處，就是我們可以讀到最終結局。每次我讀到這裡，都不得不問問自己，我的生命是朝這個方向邁進嗎？是走得與神更親密嗎？是走向美善、走向與神同在的境界嗎？我是否凡事都讓祂住進我的生命裡？祂紆尊降貴、不怕受傷地走向我，我有沒有回報祂，在永恆的音樂中與祂共舞？

這一切令人難以置信之處，就是你一旦走上這道路，便永無止境。你踏出了追隨耶穌的步伐，就一天比一天向造物主接近。沒有功成身退，沒有終點止步。

每天都是一場戰役，有輸有贏，關鍵在於你是否下定決心走在這條路上。我們可以做什麼讓自己走得更好？要如何付出點點滴滴的努力，把生命納入正軌？別忘了，你早已知道最終的結局了。

第三章

別人跟你想的不一樣

他們是需要愛的鄰人，不是拿來利用的工具

People Are Not Who You Think

有些羞恥的事情發生時，真的會想跑去什麼地方躲起來。

我還是大學一年級生的時候，一次女朋友週末來探望我。因為我念的是基督教大學，女生不能在宿舍過夜，我們就到旅館暫住。

一對男女朋友週末在旅館留宿，通常不會半夜不睡覺、一直玩拼字遊戲吧！當時我們已經有過肉體關係，但由於我們兩個都自認是基督徒，所以每次受不住誘惑時，總是要經歷一輪肉慾、羞恥和痛悔的輪迴，屢見不鮮。

但是這一次，那種掙扎的感覺特別強烈，也特別尖銳。因為第二天早上，我們發現自己忘了採取防護措施，甚至事前也沒想過後果。要是她懷孕了，要是有了寶寶，我們該怎麼辦？

這時，一個詞語比匕首更鋒利地刺進我的腦袋──**墮胎**。

這是我第一次起了這念頭。之前，我總是一定要駁倒支持墮胎權利的人。

難道他們不知道這關乎人命？

難道他們不知道自己無權取走這生命？

難道他們不知道如果不想懷孕，就不該作出糟糕的決定？

我仍然對前面兩點深信不疑，但我對最後一點的立場卻改變了，因為這回我關心的是**我的生命**。我們不能有一個寶寶，因為我們都還在念大學、還在各自追求不同的生涯目標，同時也因為我們這段關係很不健康，簡直像精神分裂一樣（一下子彼此愛得要命，一下子又恨得要死）。最重要的是，我們都不想一輩子跟對方在一起，但這個寶寶會令這段關係無法斷絕。我們不能有一個寶寶，因為我在別人眼中是個基督徒、是個好孩子，這一切會毀於一旦。

假如別人發現了怎麼辦？他們會怎麼想？

那天早上我們開車到大賣場，她進去在藥房買了事後避孕藥。然後等著看結果。

接下來的幾天以至於幾個禮拜，是我們前所未有最難熬的日子。我幾乎一天也挺不過去，因為我的腦袋裡老是浮現那個問題：**怎麼辦？**

結果她沒有懷孕，但我永遠忘不了那段日子。羞恥感是那麼深刻、那麼尖銳，直到七年後的現在，那感覺仍然沒有從我心裡抹掉。羞恥感揮之不去，不光因為身為基督徒的我卻發生了婚前性行為，也因為我在別人面前大談胎兒生存權利，私下卻對墮胎開綠燈，真是偽善之至。

羞恥是一種黏糊糊的感覺，就像黏液快要沾滿全身，擋也擋不住。然後譴責和排斥的聲音在你腦中響起來，不斷重複著你早已知道也無可否認的事實：**下流、污穢、卑劣**。

當這種感覺浮現時，隨之而來的衝動就是隱藏：**掩飾、撒謊、把自己封閉起來，讓痛苦變得麻木**。

這不是我唯一一次被羞恥淹沒，因而想要竭力隱藏一切。我曾多番陷入同一個困境：十五歲時在商店行竊被捕，我在家中電腦偷看色情網站而一再被姊姊和媽媽抓個正著，還有念大學時被抓到抄襲別人，結果那一科不及格，差點畢不了業……我內心好想找個洞鑽進去。那些時刻，我覺得自己好像全身赤裸裸的，一切都暴露在別人面前，我感到羞愧不已、滿腔罪疚，也覺得深受打擊，好像被全世界的人遺棄。

羞愧使我們迴避親密關係，不敢顯露自己的弱點，也不想讓別人看透。當我們的缺點暴露出來，第一反應就是遠離聚光燈，我們會跑開、躲起來，遮蓋自己，戴上面具。

有趣的是，教我們逃避的，正是我們的始祖。

不要躲起來

我們把時光倒流回伊甸園。上帝創造了這個美麗、奇妙的世界，讓帶有上帝形象的人類（亞當和夏娃）在樂園裡照顧一切，並且發揮創意，把神的形象映照到萬物身上。神只定下一項規矩：不要吃「分辨善惡樹」的果實。

顧名思義，當我們的始祖吃了樹上的果實，就有能力分辨善惡。在這之前，他們根本不曉得什麼是善與惡。問題是這樣一來，肩負了照顧樂園任務的人類，做事時要怎麼知道對錯？唯一的可能就是：他們完全倚賴造物主。

要遠離無法辨認的邪惡，唯一的辦法就是全靠上帝告知。因此，他們吃了樹上的果實，就等於表明他們不再仰賴神，也不再與神親近。

我們不需要你。

我們不想要你。

我們自己搞定。

在西方，這種話聽起來不會令人反感。因為我們整個文化都建基於自立自強、自求多福的心態。但最終我們還是得承認，儘管內心有聲音說我們要自行打理人生，全然的獨立仍會讓我們感到精疲力竭。

在樂園裡不可吃禁果的命令，並不是隨隨便便定下的規則。我以前總覺得這是一條古怪的命令，彷彿神要引誘我們犯罪。我常會想：上帝呀上帝，如果你不想我們吃禁果，為什麼偏要把樹種在這裡呢？

其實，那棵樹並不是要誘人犯罪，而是邀請人們與神親近。神藉此讓人類選擇：要與祂同住，還是離祂而去。我們可以仰賴祂辨別善惡（因為我們並不**真的曉得**何謂善惡）；但我們也可以吃禁果，樹立自己的標準、方式和道路。一種選擇通向生命，另一種選擇導致滅亡。

在〈創世記〉三章五節中，亞當和夏娃相信了蛇的話：「你們不一定死，因為神知道，你們吃的日子眼睛就明亮了，你們便如神能知道善惡。」於是他們決意攀上王座，馬上就懂得了善惡。然後幻象破滅了，禁果所應許的沒有實現，一切夢幻化為烏有。經文說：「他們二人的眼睛就明亮了，才知道自己是赤身露體。」暴露，無所遮掩，羞恥，愧疚，在眾目睽睽下。

經文繼續說道：「便拿無花果的葉子，為自己編作裙子。天起了涼風，耶和華神在園中行走，那人和他妻子聽見神的聲音，就藏在園裡的樹木中，躲避耶和華神的面。」[1] 因此最原始的罪，一切罪惡背後的罪，就是妄稱「我要像神一樣。我要懂得什麼是善惡。我要完全自立。我要坐在祂的王座上」。

罪憑什麼來界定？不是在於你吸大麻、偷老闆的錢或諸如此類，而在於你說「**我很懂**」。當我們說很瞭解何謂對錯，就成為自己的法官、自己的神。隨著這種心態而來的種種行為，對人類的繁衍壯大都不是最有利的。好了，讓我講更清楚一點，其實問題根本不在於懂不懂得對錯，問題是**我們從哪裡找出對錯**？是仰賴神，還是靠自己？前者造就生命，後者造成死亡。

但我認為最精采的地方是：故事開頭把原始的罪呈現出來，神的原始反應又是什麼？我們看到了人類的第一個動作，那麼神的第一個動作呢？

當人類一下子令神所創造的整個系統脫了軌，神的第一反應是什麼？人類偏偏做了神吩咐不要做的事，那麼神就有權懲罰、譴責，把人類滅絕。

然而，那時神在樂園裡走著，問了兩個問題。祂問道：「你在哪裡？」亞當回答說，他因為赤身露體而躲了起來。祂又問：「誰告訴你赤身露體呢？」[2]

神就是**神**，我不認為祂在跟我們的始祖玩捉迷藏，或在用全球定位系統查找他們的

1〈創世記〉3章7–8節。
2〈創世記〉3章9–11節。

確切座標。

「亞當，你躲在哪個樹叢後面？親愛的，我找不到你。」這句「你在哪裡」在修辭學上是個問句沒錯，但它要表達的卻不只是一個問句，它傳達出來的其實是神的懇求、神的心痛。神在被背叛的那一刻內心如何刺痛，我只能勉強想像而已。神所造的美麗世界以及與人類的完美關係，都在瞬間土崩瓦解。

神應該很憤怒才對。祂大可讓人類自食其果、飽受詛咒，但實際上，祂做了一件出人意料的事——祂跑去找尋他們。

「亞當，你在哪裡？」

「我的兒子，我的女兒，你們哪裡去了？」

「你們用不著躲起來。」

神的聲音總是叫我們不用躲藏，而我們就是憑著這一點認出神的聲音。如果你正掙扎著要認出神的聲音，那就問問是哪一個聲音在叫你莫再躲藏，重投那親密的懷抱。

只有不再躲藏，才能踏上治癒之路。每次我遇到人生最大的喜悅，都是因為從躲藏中走出來，尋求幫助，並且承認不能再逃避下去。

故事還沒有結束。神找到了亞當，亞當低下頭來，低聲抱怨著自己很害怕，因為他赤身露體。

神問了另一個爆炸性的問題：「誰告訴你赤身露體呢？」[3]

誰說你不夠好呢？

誰說我不愛你呢？

誰說你一敗塗地呢？

可以肯定的是，絕對不是神說的。

神的這些問題從未停止。從有史以來直到當前一刻，這些問題在學校、辦公室、棒球場、經紀公司、這裡那裡……迴響不絕。你為什麼躲起來？

在我迫切需要的時候，就聽到了這個聲音。對於本章開頭的那些故事，對於我曾經在棒球場上的慘敗，對於我搞砸事情令家人朋友失望，神都在我耳邊低語：「你已經做得夠好了。你是被愛的，你永遠屬於我。」

祂的聲音總是叫我們**莫再躲避**，與祂重建親密關係，因為那是神的目標。從〈創世

3 〈創世記〉3章11節。

記〉到〈啟示錄〉，祂清清楚楚表示要**與人同住**。祂要看到的是祂與我們左擁右抱的親密關係，不是左躲右避。祂要看得通透，不要面具遮擋。祂要我們了解祂，也被祂了解，一同踏著永恆的舞步。

但在聖經的故事中，我們把神的計畫搞砸了。我們繼續在吃分辨善惡樹的果實，神則竭力緊跟著我們。神的目標是與我們同住，但這需要雙向的交流。要達成目標，我們必須從躲避中走出來，除下面具。我們必須不畏受傷，讓耳朵聽到上帝的心跳。

神沒有強迫我們服從，而是不惜繞好大一圈，誘導我們回頭，把我們納入正軌，與祂愈走愈接近。

聖經的故事

我們傾聽神的心，聽祂呼喚我們回到樂園、回到祂心坎裡，這不是只此一次、下不為例，整篇〈創世記〉都在描述神不斷問亞當：「你在哪裡？」

可是問題來了，儘管〈創世記〉寫得十分優美，卻經常被誤解。就像我在第二章提到的，它分為兩部分：前面十二章和後面三十八章，轉捩點是亞伯拉罕的故事。甚至說故事的方式，從亞伯拉罕開始也來個急轉彎。

在亞伯拉罕出現前，〈創世記〉的故事都以事件為推動力，譬如建造巴別塔、洪水滅世等，但亞伯蘭變成亞伯拉罕的故事，卻長達十三章！數千年的歷史，講起來還比不上亞伯拉罕的獨角戲，足以表示這齣戲不容小覷。從亞伯拉罕開始，故事也不再由事件推動，而是由人物推動。亞伯拉罕、以撒、雅各和約瑟成為重頭戲。

當我們把鏡頭拉遠，看看整篇〈創世記〉，便可看見神一直想要與人同在。人類反逆而被流放，然後人類逃走，躲到伊甸園之東。在壞事即將發生之際，往東走的主題曲總是一再響起。往東走彷彿就是從樂園出走，遠離上帝、親密不再。

我們不斷見到向東前進的步伐。該隱殺死弟弟後，往東邊流亡，到了諾德之地（諾得地方）。就在巴別塔快要建造之際，民眾也往東遷移。當亞伯拉罕和姪兒羅得（羅特）看法分歧、分道揚鑣，羅得就往東去了所多瑪（索多瑪）和蛾摩拉（哈摩辣）。

往東走就是遠離神和樂園（因此約翰．史坦貝克〔John Steinbeck〕那部有名的小說叫《伊甸園東》〔*East of Eden*〕）。在前十二章裡，人人往東走，情況愈來愈壞。

然後亞伯拉罕現身。他是個信仰虔誠、值得信賴、不畏受傷的人。他被召喚到不知名的地方，相信神會讓他平安抵達。他朝哪個方向走呢？西邊。

他回頭向著樂園，向著神的處所走去。4

沿著亞伯拉罕的路走下去，就是以撒、雅各、約瑟，最後是摩西和以色列人。我相信很多人讀聖經讀到這裡，便大段大段跳過不讀了。故事線索其實不難追蹤，我們在主日學裡也耳熟能詳。我們知道有哪些重要人物，甚至還記得那些聖經故事插圖，可是翻開聖經到了〈出埃及記〉、〈利未記〉（肋未記）和〈申命記〉等律法書，很多人頓覺枯燥乏味、混淆不堪。

聖經這部分稱為「律法書」或是「摩西五經」——原文 *Torah* 也可譯作「教誨」。包括我在內的很多基督徒，對律法書都有所誤解。我們接受錯誤的二分法，認定律法是壞的，救恩是好的；也就是說《舊約》無關重要，有《新約》和耶穌就好（如果你認為一般人不會這樣想，下次你入住飯店時，可以打開床頭櫃的抽屜看看，裡面如果有聖經，很可能就只有一本袖珍型《新約》）。我們即使讀《舊約》，也只限於〈創世記〉、〈詩篇〉（聖詠集）和〈箴言〉。

上帝不會給我們無關重要的東西，也不會給我們毫無樂趣可言的東西。祂是位慈祥的好父親，總是為我們的福祉著想。沒錯，律法書可能單調、冗長又太過鉅細靡遺，但那是因為以色列人當時剛逃出四百年的奴隸生涯，還不是一個本身有政府、經濟和法律體系的國家，也沒有制度化的宗教。

因此上帝給他們六百一十三項律法，這些律法就像是把美國憲法、使徒信經和馬丁路德的《九十五條論綱》共冶一爐。美國憲法的文件也很冗長而詳細（還不斷增訂和重新詮釋），但這是美國界定自己身分的一種方式。

以色列人喜愛律法，還寫詩唱誦一番。大衛王曾說〈摩西五經〉就像嘴唇上的蜂蜜：

耶和華的道理潔淨，存到永遠。
耶和華的典章真實，全然公義。
都比金子可羨慕，比極多的精金可羨慕。
比密甘甜，且比蜂房下滴的甘蜜甜。5

律法是他們的宣言，是生活的新方向；它宣示了全面抵抗周邊其他民族的文化，確

4 其後，當神把聖殿的藍圖交給大衛王，聖殿的入口是在東面，表示民眾進入聖殿就是往西走，與活在其中的神靠近。這就像是說，聖殿是伊甸園的微縮版，代表反璞歸真。它帶有樂園的影子。

5 〈詩篇〉19章9-10節。

立自己是神的子民。

其他人敬拜眾多神祇，律法書說只有一個至高無上的神。

其他人互相利用、彼此剝削，律法書說愛你的鄰人，如同你愛自己。

其他人勞碌不停、全年無休，律法書說該休息就休息，享受飲食和家庭之樂。

其他人只想顧好自己，律法書說要跟鄰人分享莊稼的收成。

律法書勾勒了一種新生活，指導上帝子民成為拯救世界大行動的執行人。

可是有一個難題：以色列人不光是解決方案的執行者，他們很快察覺到自己也是問題的製造者。他們抓不住要領，只管躲在〈摩西五經〉背後，而不是遵從它的中心思想——叫他們從躲藏中走出來。

巧克力棒的功用

律法書原本的用意是要以色列人與神更親近，建立更密切的關係。〈摩西五經〉中的

〈利未記〉整篇都在講如何恰當地敬拜上帝，先是在禮拜堂裡，然後在聖殿裡。上帝要與子民同在，但要實現這種親密關係，必須雙方攜手共舞。

律法書其中一項宗旨就是順服。〈摩西五經〉所說的順服可以歸結為：「**如果**這樣做，**就會**蒙福。」反過來說：「如果不這樣做，便遭詛咒。」你順服就能蒙福，你不順服就會受罰。

聽到這種說法，很多人難免心存抗拒。這肯定跟上帝的性情不符吧？這還算是恩典嗎？還算是憐憫嗎？

是，確實是，父母都這麼做。但這種順服不是永恆不變的。它是一種工具，把我們帶往**更深層**的親密關係。舉例來說，當我還是個小孩，我媽有時會用糖果誘導我做一些事或養成一種習慣；不管是幼年時期訓練我用便盆，還是稍大一點時收拾自己的房間。她會說：「如果你把房間收拾好，就給你一根巧克力棒。」

這聽起來蠻正常的，不是嗎？老實說，利誘是一種有效的教學工具，對吧？

問題是，這種誘因不應該恆久不變。它很好用沒錯，但是當一根巧克力棒已經達成了它的任務，你就不該再繼續需要它。

讓我們把時間快轉一下，從幼年時期轉到大學畢業。自聖誕假期以來，我有六個月沒回家了，想到馬上就能跟家人見面，就忍不住雀躍萬分。此時請想像一下，如果接下來發生這種情景會有多奇怪：我停好車，走進大門，看到了久沒見面的媽媽，只見她彎下身來，雙手放在膝蓋上，然後用小孩子的聲音跟我說：「小傑夫，如果你把房間收拾好，就給你一根巧克力棒喔！」

你會不會覺得很尷尬？這根本是走錯棚了吧！

一個大學畢業生，不應該為了巧克力棒才懂得用洗手間、收拾房間、洗碗、幫媽媽做家務。我媽也不會想要一輩子拿巧克力棒哄我——她以前會那麼做，也只是做好一個母親該做的事而已。她手上的巧克力棒幫助我走上正確的路，讓我尋求更深層的知識和理解，可以說它改變了我、塑造了我。但如今，我做這些事不是因為它，而是因為我愛媽媽，也因為做這些事對我自己有益。

上帝的情況也一樣。律法書是為了把以色列人帶到更親近神的境地，但看來以色列人老是在原地打轉。他們一再重蹈覆轍，長期離棄上帝，走近神以後又再走開，就這樣不斷循環。

舉例來說，大衛王在〈詩篇〉五十一章十六節說：「你本不喜愛祭物。若喜愛，我就獻上。燔祭你也不喜悅。」他領悟到神實際要求的是**更深層**的東西。獻祭是指向前方的箭頭，指向更深的層次，指向更豐富的內涵。神希望祂的兒女在一開始就不要犯罪，並與祂同行、與祂同在，真正地認識祂。

眾先知都明白這一點。以彌迦（米該亞）為例，在〈彌迦書〉中，他向耶路撒冷的以色列人宣讀一段審判紀錄。神譴責以色列人對祂的離棄，以色列人知道不論多少祭品都無法平息神的不悅，但彌迦告訴他們該怎麼做：「世人哪，耶和華已指示你何為善。祂向你所要的是什麼呢？只要你行公義，好憐憫，存謙卑的心，與你的神同行。」6〈摩西五經〉所講的順服，彌迦推導出一個邏輯與結論：神所要求的只是「謙卑與神同行」。

那就是我們和神之間的「親密關係」：與神接近，靠近祂，建立關係，然後神要帶著我們到達目的地。聖經自有其軌跡。沒錯，裡面有順服與不順服的循環，但每個故事都讓敘事的步伐往前跨出一步。

因此，聖經故事的終點跟它的起點不一樣。它從樂園起步，最終走到一個城市。它從律法開始，最終卻是親密關係。在開頭，上帝處身帳篷中；到了結局，上帝進入我們的內心裡。

6〈彌迦書〉6章8節。

景觀才是重點

艾莉莎和我在華盛頓州的家，從後院就可以看到雷尼爾山（Mount Rainier）令人難以置信的美景。我們好幾次在山腳遠足，那是我曾見過最令人屏息讚歎的景色之一。

試著想像一下，我們想去那裡遠足，以前卻從沒見過那座山，只有從別人口裡聽說過它，但每個人的描述都不一樣。

走進雷尼爾山國家公園一英里左右，就看見一個大大的標誌，寫著「雷尼爾山」，上面還有一個箭頭。我們很天真地以為自己已經到達目的地，喊道：「就是這裡，我們到了！」接著拿出手機，在標誌前自拍一番，再上傳照片讓大家知道我們看到雷尼爾山了。

這是多麼荒謬啊！我們根本還沒有到達雷尼爾山。標誌上的箭頭，只是指向正確的路徑而已。

有趣的是，這種情況跟耶穌與我們的關係其實相差不遠。《舊約》是一個標誌，指向現實真相。

聖殿、獻祭、安息日，還有麵包——看看它們指向什麼：那是上帝對亞伯拉罕的應許實現成真，但上帝的兒女寧可敬拜一些標誌，卻不願「謙卑與神同行」，公元一世紀的猶太人因此與耶穌擦身而過，而我們也一直與神貌合神離。

標誌是旅程中所需要的。但一旦到達目的地，再不斷往標誌走回去就荒謬極了。同樣很有趣的是，標誌不能帶來生命氣息。就像雷尼爾山，只有山的景觀才令我們讚歎，為我們帶來蓬勃生機。

那些標誌原是上帝創造的，用來反映、呈現上帝之美，可是，就在我們面對那些標誌而搞錯重點的一刻，上帝在我們心中就彷彿死亡一般。這不是很荒謬嗎？沒有其他的神會如此脆弱、如此易受傷害。

面對這位親切、溫和、透過犧牲與愛來求取勝利的神，我曾有過一番掙扎。因為我看得太多以武力展示的權力。我們自小學習的觀念是，真正的力量不知痛苦為何物。

但是，這位神的身段放得很低，跟我們走得很近，祂伸出手來觸摸我們。祂是如此謙和、如此渴望著我們，為我們而傷心，讓祂自己一手創造的造物一次次地傷害祂！

問題是為什麼？因為**祂的目標是親密關係**，而你必須走近，冒著受傷、痛苦和被拒的風險，才能建立這種關係。

英國大文豪魯益師（C. S. Lewis）曾說過這番有名的話：

付出愛，就會受傷。任何的愛，都肯定令你心痛、甚至心碎。要確保你的心安然無恙，千萬不要把它交給任何人，甚至任何動物。小心翼翼把它埋藏在嗜好和奢華中；避免任何糾纏；把它安穩地鎖在名為「自私」的棺材裡。這個棺材安全、黑暗、不透氣、寂然不動，而你的心在裡面，終究會漸漸改變。它不會破碎，卻變得堅如鐵石、無法穿透、無可救藥。[7]

貫徹整部聖經，你會一再看到神為了達成這個目標而不惜冒險。從樂園裡的呼喚和心痛，一直到耶穌被釘死在十字架上。

當神看見該隱殺死了弟弟，他問道：「你作了什麼事呢？」

在埃及，神把對希伯來人所犯的罪視作對神所犯的罪。當以色列人不順從神幾乎到了自毀地步，對先知的呼喊也充耳不聞，神質疑祂的兒女什麼時候才能達到祂想要的——祂要的是他們的整顆心、整個人，沒戴著面具。不是全心全意的奉獻，祂不想要。

神的痛苦在耶穌身上發出迴響。耶穌說，他盼望把民眾召集到身邊，像母雞讓小雞聚集起來，但民眾不願意。耶穌為城中眾人傷心得流下眼淚，因為他們不曉得平安是怎麼一回事。

就像神所盼望的是希伯來文所說的「echad」，但祂的兒女沒作好準備。

完全的愛

這個希伯來詞語首次出現，是在樂園中。這裡提到一男一女的結合就是echad，意思是「合一」。但這裡所指的不光是肉體結合為一，還有更多涵義。它可以指彼此在最深層存在狀態的融合：二合為一，完全黏合起來，完全交融在一起。

我還記得我和艾莉莎之間最讓我難以啟齒的一次對話。那時我們剛開始重新交往，一晚美妙的約會後，我們一起坐在車上。我們知道結婚的可能性就在眼前，我覺得我終究要把過去的一些事情跟她坦白，因為我們一旦結婚，她就可能受到這些往事影響。

我極為焦慮，同時深怕被拒絕，也深怕受傷。但我曉得，如果我希望我們的親密關係能更進一步，就要敢於受傷。結婚是兩個人的思想、身體、靈魂和精神都合而為一，因此我必須誠實。

7 C. S. Lewis, *The Four Loves* (New York: Harcourt, 1960), 121.

我記得我跟她坦承了很多事，尤其是我過去那些糟糕性經驗的許多細節。十來歲時，我崇拜的是性愛的滿足感——不管是來自色情物品、狂歡派對還是女孩子身上。我說「崇拜」是因為我由此建立我的自我、價值觀、人生目的，以及主要的生存意義（這正是「崇拜」的定義）。

說完之後，我向艾莉莎道歉，請她原諒我，儘管那些事情發生在我倆認識之前。我這麼做是為了達成我們兩人之間的echad——最完整、最終極的親密關係。那種關係充滿著美、神秘與力量，神創造這樣的關係，是為了讓一男一女在共同生活的情況下，兩人不斷融合為一。

我要求寬恕，是因為我以前背叛了「合一」，也背叛了這樣的親密關係。當然我也可以不對艾莉莎坦白，那只是我生命和內心裡的一個小秘密，只要我不說，艾莉莎永遠都不會知道——但這樣會大大妨礙「合一」的建立。

然而，真正神奇的事情發生了。憑著耶穌的恩典和寬容，艾莉莎原諒了我！她聽完我昔日和此刻那糟糕的一切，仍然願意和我一起踏上未來的人生旅程。直到現在，我還記得她真誠原諒我的一刻，聲音是多麼溫柔。

在那個時候，我把自己的一切暴露在別人的認知底下。然而由於艾莉莎的寬宥，我同時獲得了她的愛。

完全的了解，

完全的愛，

這就是親密關係。

有些人想要獲得完全的愛，卻不讓別人完整地了解自己，這是因為他們總是抱持著一個錯誤的想法：「如果別人認識真正的我，就不會跟我在一起了。」我們會害怕，如果讓別人完整地了解自己卻得不到完整的愛，我們的心會感到刺痛、難受，因為被拒絕而深深受傷。

但如果我們勇敢地踏出腳步，被完整地了解，同時也完整地被愛，那就是真正的「親密關係」了。

我不希望給你們一個錯誤印象，所以再說清楚點。親密關係在某些方面肯定很浪漫，但它在最深的層次上有更為豐富的內容。除了夫妻和情侶之外，這種關係也可以存在於朋友和家人之間。

害怕真正了解彼此

我實在很喜歡紐約市。可能因為我的腦袋一小時跑一百萬英里，曼哈頓是僅有幾個能讓我的速度感到賓至如歸的地方，也可能因為我是紐約洋基棒球隊的超級粉絲。

可是，紐約的地下鐵是個很奇怪的地方。地下鐵的乘客很多，大家總是距離超近地擠在一起。某天我搭乘地下鐵時，花了一秒鐘把視線從自己的手機上移開，結果發現每一個人——不是我誇張，是真的幾乎每一個乘客——都在低頭滑手機，或是戴著耳機悶頭聽音樂。車廂裡有幾十個人，我卻聽不見乘客之間有任何一句交談。

明明所有人都在同一刻的同一個密閉空間中，可是所有人都只活在自己的世界裡。我們同在一起，卻都孤獨一人。

地下鐵車廂的設計，原是讓大家互相接觸。沿著車窗裝設的座位以及讓站立乘客握著的橫杆，排列方式讓大家很難不互相對視，甚至幾乎身體碰著身體。

這就是一種親密感，但大家害怕彼此如此親近，寧可躲避到自己的世界中。每個人身體在這裡，心卻不在這裡。

很多我們這一代的人，要是在這種情況下無法馬上把手機拿出來，就會焦慮不已或瀕臨崩潰。我們裝作很忙、退後、避免眼神接觸、避免與人互動、逃避親密感（概括來說，這種反應就是「尷尬」，我們無法忍受在人際關係上冒險而陷入尷尬）。有了手機，就可以控制我們生活的世界。有了手機，就可以剪裁、編輯別人視線之下的自己。有了手機，就可以成為社交網路的中心點。有了手機，就可以讓自己變得重要。

貝爾（Alexander Graham Bell）發明電話，原本是為了促進人與人之間的聯繫，但電話有沒有兌現這個承諾？社交媒體又如何？簡訊呢？整個網路呢？它們應許了更緊密的聯繫，但我們只覺得更孤獨。

它們聲稱有助於保持聯繫，我們卻把聯繫的門檻不斷降低。瞄一下人家臉書的個人簡介，就視為保持聯繫；至於打電話，就覺得那過於介入他人生活或過於親近。

我已記不起網路和網上聯繫方式尚未出現的那個世界是什麼模樣。我在國中時開始傳簡訊，剛上高中時「聚友網」（MySpace）社交網路風行一時。科技確實在改變我們思考、互動和相親相愛的方式。

比方說，我曾有一段日子要應付太多來電，便把手機設定為免持聽筒對話模式，這樣我就可以同時收發推特和電郵，來「把事情做妥」。網路令我們辦事更有效率，卻減少了真正的聯繫。人際關係是不用講求效率的，反而會常常耗費很多時間、無法預測，讓我們手忙腳亂。

有了網路聯繫，加上我們完全無法好好地維繫人際關係和親密關係，導致我們只能渴望著愛，卻得不到親密感，人際關係也常常宣告破產。然而，沒有人察覺這個狀況，因為大家都是這樣！只有當部分的人還是「健康」狀態時，才會有人開始注意到生病不是常態。

感情破產有一種常見的副作用：當你內心缺乏支持、無法平靜，便會拚命想從任何人身上攫取任何一點好處。你很快便會把他人看作可以攫取什麼的目標，而不是你可以給他們什麼，或可以一起做些什麼。

我想到了以色列和埃及。埃及的法老是強悍的獨裁統治者，他判斷人類價值的標準就是勞動生產量。人民要生產一定數量的磚頭或一定重量的穀物，否則就會遭到鞭打甚至殺害。他們的價值跟磚頭的產量畫上了等號。

帶有神的形象的人類，卻變成了一件商品。

我們在生活中的哪些層面也這樣做？在西方社會，「商品化」到處充斥於我們呼吸的空氣裡。為了攫取資源，我們侵占、迫害、虧待開發中國家，只付出少得可憐的交換代價。一切只著重最高的效率，最低的價格。一切只講求投資與報酬。試問這種做法的底線何在？而這種生活態度，已經徹底滲入了我們的人際關係。

這種做法適用於商品，不適用於人類。人帶有神的形象，卻竟然變成商品，被隨意剝削、拿來交易、謀取利潤，這就是罪。

這就是為什麼〈摩西五經〉會充斥著那麼多可恥的事。當神召喚以色列人離開埃及，就把他們「被視為商品」的身分（價值在於他們**能做什麼**）轉變為「樂園中人類被賦予神的形象」的身分（價值在於你**就是如此**）。神在曠野中給以色列人很多律法，把他們的世界觀倒轉過來，跟他們說：不，別人不是供你利用的商品，而是你應該愛護的鄰人。甚至安息日也反映了這種轉變。

神學家華特．布魯格曼（Walter Brueggemann）在《安息日就是對抗》（*Sabbath as Resistance*）一書中，談到在安息日這天，以色列人在精神上跟埃及人對抗。他們把旗插在地上，表明不再每天每刻轉動輪子從事生產。這是休息的一天，在這一天我們要去了解自己身邊的人、愛他們、為他們效勞，拒絕被捲進商品化的浪潮中。

失去了安息日，我們就很難建立具有真正意義的人際關係。[8] 今天網路上時刻無休的聯繫，也會帶來同樣的後果——使我們變得麻木，無法察覺人際關係中重大而微妙的

8 Walter Brueggemann, *Sabbath as Resistance: Saying No to the Culture of Now* (Louisville: John Knox, 2014), 26.

變化。人類生存在世是何等榮耀的一件事，我們的眼睛卻漸漸變得視而不見。

孤獨的北塘隱士

來談談「北塘隱士」（North Pond Hermit）這個離奇而極端怪異的例子吧。緬因州中部的民眾自一九八六年以來，不斷報稱居家物品離奇失蹤。在近三十年的時間裡，社區民眾一再指出，當他們下班或度假後回家，或是早上一覺醒來，常常發覺家中物品不翼而飛。因為失蹤物品平凡無奇，像是罐頭、煤氣桶、螺絲起子、帆布等等，有時他們甚至沒發現其實東西已經不見好幾天甚至好幾個禮拜。

消息傳開，北塘隱士成為當地的傳奇。那是一個人嗎？為什麼不見的都是日常用品？為什麼珠寶首飾從來沒被拿走？這是民眾捏造的故事嗎？

最後真相大白，北塘隱士是一個叫做克里斯多夫・奈特（Christopher Knight）的人。一九八六年某天，他決定住到森林裡，過著與人類零接觸的生活。沒有人確知原因何在，但從那天開始，他真的斷絕了與人類的接觸，直到二〇一三年被捕那天。[9] 他沒打過一通電話、沒用過任何錢、沒開過車、沒寫過電郵，也沒上過網。完全與世隔絕。

這是一個奇特的故事，值得我們一再省思，尤其是當事人被捕後接受訪問時提到了一件事：採訪者注意到他在人際關係上的尷尬表現，以及他無法與人建立聯繫，對此他解釋說：「我不習慣看著別人的臉。那包含太多資訊。你感覺得到嗎？那太多、太快。」當他重新進入人類的世界裡，他只覺得太過沉重，無法承受。他覺得每個人身上都那麼有分量，散發著刺眼的光芒，他連看一眼也不行。

儘管奈特因為欠缺人際交往能力而崩潰，他的反應還是非常具有啟發意義。我們常說，有些東西失去了，才曉得它多重要。對奈特來說也一樣，人際交往在他的人生中消失已久，此刻重新出現，令他束手無策：太吃力了、太沉重了，眼前的每個人看來都像在閃閃發光，他沒辦法習慣。這樣的痛苦使他成為一個破碎之人，彷彿他的人類特質已在森林裡磨損殆盡。

你是否相信我們就是那麼有分量？
是否相信我們眼中都閃閃發光？
是否相信每個活著、呼吸著的人在講一個故事？

9 除了一次微不足道的例外：他跟一個遠足客擦身而過時說了一聲「嗨」。

是否相信每一段人際關係本身都具有價值？

眼神接觸、互相擁抱、親近而不設防的對話，都包含在親密關係當中。如果我們把網路虛擬世界放在第一位，就注定喪失這一切。

神首次在聖經中現身，是複數身分。創造人類之際，造物主用祂的手來塑造，經文說：「**我們**要照著**我們**的形象造人。」這是令人費解的，因為聖經再三確認只有一位真神，而猶太人的信仰，根本基礎就是禱告開頭所說的：「以色列啊，你要聽。耶和華我們神是獨一的主。」

可是，神的本性隱含群體元素：三位一體，聖父、聖子與聖靈（聖神）永恆共舞。為他人效力、為他人付出的愛，恆久不衰。人類的誕生也是出自這種愛、這個群體。

我們來看看這個美麗的真相吧：人類的創造來自群體，人類為群體而誕生。如果神按著祂的形象造人，而神又隱含群體因子，我們若與人隔絕、孤獨生存，就是棄絕人類的本質。共生共榮是人之所以為人的根本。這就是親密關係。

第四章

你的身分跟你想的不一樣

你不只活在當下，更來自未來

You Aren't Who You Think

「回到未來」（Back to the Future）始終是我最愛的電影之一。我還在念高中時，它的三部曲特別版光碟在聖誕節推出，我就買了下來。有一年萬聖節，我打扮成電影主角馬蒂，一有機會就爆出博士的那句口頭禪：「我的老天啊！」

如果碰到有人在冬天穿上臃腫的背心，我馬上會問：「嗨，小朋友，穿救生衣幹嘛？」如果對方懂得這個笑話，笑了起來，我就馬上知道大家是同好。如果對方尷尬地望著我，就可以知道他是從沒看過那部電影的可憐蟲。

電影的其中一個主題（事實上所有時光倒流的電影皆然），就是只要馬蒂回到過去（或未來），他就變得比所有人都厲害了。他知道接下來會發生什麼，他的行動與眾不同，是因為他來自未來。在系列電影的第一部，他常常被當成怪人，因為他的同伴不曉得他來自何方，所以當他作出令人匪夷所思的決定時，總是讓大家吃驚不已。

我也喜歡這樣看待耶穌的追隨者。

如果你坐時光機躍回二千年前，正值耶穌行走世間。當時大部分猶太人都相信「復活」（resurrection）這件事，他們相信在時間的終點，上帝會讓這個世界撥亂反正，義人會復活並獲得肯定。可是故事出現了轉折：耶穌在歷史的中途現身，不是在結尾。猶太人認為神會在最後一刻讓大家復活，神卻在此刻讓耶穌復活。

耶穌的復活，使他成為來自未來的人。他把套索拋向神的未來應許，把它拉了過來，使它在此時此地應驗。他引進了一個新世界、一種新生活、一具美麗光榮的不朽身軀。然後他囑咐門徒前去四方，讓這個應許應驗、遍地開花，**把神應許的未來帶到現在**。這才是基督宗教所應有的樣貌。

我們的身分——要定義「我們是誰」，關鍵就在於，相信我們活著的這個當下，世界未來的重生已然實現，天堂與此世重新合而為一。我們要緊緊抓住這個事實。耶穌已經復活，而復活的大能將在每個相信耶穌的人身上顯現出來。

上帝期盼我們在此刻就活出未來的自己，並透過聖靈賜給我們這種能力。我很喜歡引用神學家懷特說過的一句話：「當『希望』親身將未來帶到當下，使舉世驚奇不已，這一天，便稱為復活節。」[1]

也許有人認為這種想法太過奇怪難懂，但在現實世界中，這種情況其實屢見不鮮。比方說，總統大選結束後，總統當選人雖然還沒就任，但他為了盡快推行他所承諾的政策，可以在就任前就先得到未來就任後才能知道的各種重要情報，並從國會那裡獲得數百萬元的經費來實行。

1 N. T. Wright, *Surprised by Hope* (San Francisco: HarperOne, 2008), 29.

除了總統之外，帝王也一樣。在《舊約》裡，遠在登上王座之前，大衛就被膏立為王。膏立的那一刻，他就被稱為神所膏立的王，受命把未來帶到現在。

最重要的問題是，這一切是在哪個時間點開始的？或者換句話說：我們要在哪裡才能搭上可以前進未來的時光機呢？

對耶穌來說，這個起點就是他的復活；
對我們來說，在受洗的那刻便已踏入未來。

洗禮是一件深具隱秘意義的美妙行為，我們藉此踏進未來，隨著耶穌一同死亡和復活，進入我們在上帝心目中的「真我」（真實的自我）。

把未來帶到現在

耶穌所接受的的洗禮，會令人想起深入人心的以色列人出埃及、過紅海的故事。以色列人信靠神，離開埃及走向未來，進入應許之地。出埃及的故事也許是猶太人信仰中最受重視的故事情節，到今天還在慶祝紀念神把祂的子民從奴隸生涯中拯救出來。以色列人走過紅海就有如接受了洗禮，當洗掉的罪惡沉到水底，他們便被稱為神的長子或神的兒子。耶穌接受洗禮後走進曠野，就像以色列民族的人格化表現。

當然耶穌用不著受洗。祂是神，本來就是美善與潔淨的。但他不是袖手旁觀、指指點點，而是跳到民眾中間，與他們在一起。他踏進水裡接受洗禮，表明**我為你而來，與你同在**。

然後神奇的事發生了。人們聽到天父的聲音從天上轟然響起，說：「你是我的愛子，我喜悅你。」[2]在這裡，上帝確認了耶穌的身分。

記住，這是耶穌宣道生涯的起點。那時他還沒有做任何事。

沒有醫治人。

沒有傳講道理。

沒有被釘十字架。

沒有復活。

在這一切之前，是上帝的聲音**先行一步**。

2 〈路加福音〉3章22節。

很多時候我們做了很多事，是期望自己做了這些事以後，他人的贊同或喜愛會隨之而來。這大體就是我的人生寫照。我努力打棒球，想在一年裡打出成績來，是希望朋友和教練會說我真的棒極了。我考取好成績，是想讓自己受到肯定。我在信仰上極力表現得很虔誠，是想讓別人說我是個好孩子。

我們期望在生命旅程結束之際，可以聽到自己是上帝的孩子，可是神在一開頭就大聲這樣說了。我們跳上人生跑步機，希望設定的時間一到便聽見：「做得好，我的孩子。」事實上，我們還沒有走上跑步機，神就這樣說了。這讓我們踏上了完全不一樣的旅程。你為什麼做那些你正在做的事？為什麼起床？為什麼工作？為什麼運動？為什麼在學校拚命讀書？是因為你想聽到天父說你很乖、祂愛你，還是因為你早就獲得神的愛而活得精采？如果是後一種情況，你會活得更自由自在，因為你知道即使失敗，也不會前功盡廢，而是重新學習、重新站起的一個機會。

回到〈馬太福音〉敘述的耶穌洗禮。神說耶穌是祂的兒子、祂的**愛子**。這裡用上「愛」這個字，暗示耶穌在上帝心中有一種特殊的地位、蒙受特別的關愛。但美妙之處在於，如果我們信靠耶穌，就等於跟他綑綁在一起，所以當我們受洗時，我們就踏入了未來——蒙神所愛的未來，一切已在當下實現的未來。你**現在**就是被神所愛的。

神的愛不是點點滴滴灑下來，而是讓我們沉浸其中。

我的孩子，我的孩子，
我喜悅你。

你聽到天父的心聲了嗎？你有沒有聽過祂的聲音？

水有一種古怪的特性，它可以鑽進任何裂縫，它流動、變形、淹蓋，不論怎麼小的縫隙，它都能滲入。神的愛也是這樣。每當我們有任何一點點要屈服、要放棄的徵兆，每當我們的自主意識出現一點點要破敗的跡象，上帝具有治癒大能的愛便一湧而至、滲透我們全身全靈。

我很喜歡喬納森．馬丁（Jonathan Martin）在《原型》（*Prototype*）一書所說的：「耶穌和他洗禮的事蹟有一點是令人臉紅的，當上帝表示喜歡他、愛他，耶穌就**相信了**。」馬丁更指出：「跟人類歷史上任何一個人都不一樣……耶穌對此永誌不忘。」[3]

---

3 Jonathan Martin, Prototype: *What Happens When You Discover You're More Like Jesus Than You Think?* (Chicago: Tyndale, 2013), 18.

當我們察覺自己被神所愛之後，接下來一段日子，神要在我們身上留下印記，讓這份愛刻骨銘心、真確無疑。如果耶穌接受洗禮後馬上投入他的任務——傳道、治病、被釘十字架——那神的聲音可能就被淹沒了。噪音的力量不容小覷，生命中的噪音有時會蓋過神向我們表達愛意的輕聲耳語。然後瘋狂而奇妙的事情發生了。洗禮後耶穌的頭髮還濕漉漉的，他就這樣走進曠野，進入不明之地與混沌之境。曠野是以色列人連年漂泊流離的地方，他們在這裡遭受挫敗，面對死亡。

在這裡，一切靜默無聲。在這裡，未來被扯進了現在。

我們結婚兩週年時，艾莉莎送給我一張甜蜜的祝福卡，充滿細膩的心思，滿載著愛和鼓勵。可是最吸引我的卻是，她把對我未來的期盼說成當下的現況。為了鼓勵我，她稱讚我穩重可靠、殷勤體恤、滿懷愛心而謙卑。

有趣的是，我並不認為自己確實是這樣。我嘗試這樣做，可是經常做不到。

如果你所愛的人，譬如父母或好朋友曾經這樣鼓勵你，你就知道這種激勵以及由此而來的力量、信心和平安，都是無可比擬的珍貴。

讀著艾莉莎的祝福卡上的字句，我覺得自己是個超級英雄。我真的這樣嗎？也許有時有點近似，但肯定不是經常這樣。但重要的是，艾莉莎相信我是這樣、能夠這樣。這裡面有件事很神秘：當她說我就是這樣，不斷提醒我、鼓勵我，你認為會怎樣呢？我就真的變成這樣了！彷彿她說著說著，我就從現在的我變成未來的我了。

如果自己所愛的人這樣說著說著，就有能力把生命和未來帶到現在，那麼把說話者換成宇宙的創造者，那種能力會大到什麼程度呢？祂為我們說著這樣的話，因我們而喜悅；當我們倚靠耶穌，他更會告訴我們，我們的未來**在此刻已經實現**。

對於這一切，如果你真心相信、用心傾聽，什麼都阻擋不了你。我知道這本書上寫的東西很棒，但你真的相信嗎？你有聽到那聲音嗎？你的耳朵有向著耶穌仔細聆聽嗎？

抓取我們原就擁有的

我從來不是那種為了半夜購物超級優惠而跑去漏夜排隊的人。但當一個禮拜後我就要結婚了，我還是希望在商店午夜開門時，能為未來的家撿到一台超級特價的大電視機。於是晚飯過後好一會兒，我們終於加入了那繞過街角的排隊長龍。

結果，我的準岳母蘇絲、艾莉莎和我加入隊伍後發現，這樣排隊還蠻有趣的。我們聊著天，享受那段時光。老實說，如果要買的電視機買不到，我們也不會失望。

午夜來臨，顧客開始湧進店內，我發現我們可能是唯一不在乎有沒有收穫的顧客。店內恍如世界末日，大家像在爭搶維持生命用的配給食物，但其實只是在搶購電視、遊戲機、烤箱之類的東西而已，現在搶得那麼兇，搞不好幾年後（或者更快）那些東西就被丟到二手商店降價求售了。

場面亂作一團，有人大叫大嚷，到處亂竄，向著搶購目標跑去，心想那是**非要不可**的東西。搶購行動剛展開時，什麼秩序規矩都被擱到一旁。我沒有誇張，事實上，以前就有人為了買電子產品時可以多省幾塊錢而遭到槍殺、被辣椒噴霧攻擊，或被人群踐踏而喪生。

有時候，這就是關於我們身分的一種有趣寫照。當我們認為自己並未擁有所需的東西，便拚命伸手把它抓過來，視之為命根。就像當亞當和夏娃決定離開神自立，便去抓取禁果。

這個誘惑使他們被逐出樂園，流落沙漠。當摩西已經不在好一段日子了，以色列人便決定改而信奉巴力（巴耳），想要從另一位神祇身上抓住一種安全感。恐懼心理阻礙了他們進入應許之地，令他們在沙漠裡流落一整個世代。

然而，耶穌是在知道自己會受到誘惑的情況下，自願走進沙漠的。首先我們要注意，撒旦（撒殫）提出的所有誘惑，都是要耶穌證明他的（神的）身分：「你若是神的兒子，可以吩咐這些石頭變成食物。……你若是神的兒子，可以跳下去。」[4]

看看對決如何展開：撒旦說**如果**你是神的兒子，就這樣那樣做。他引誘耶穌伸手去抓。但耶穌的回答表明，正**因為**他是神的兒子，他才用不著這樣做。

撒旦要耶穌證明。

耶穌說沒有必要，因為他知道**自己的身分**。

你用不著伸手去抓你**原來就擁有**的東西。

首先，撒旦用肉身的欲望引誘耶穌。耶穌在曠野，可能因為飢渴而快要不支倒下，撒旦知道他有能力把石頭變成食物。但耶穌不這麼做，因為他知道天父會照顧他。他用不著把麵包抓過來，因為天父會供給一切。

接下來，撒旦引誘耶穌試探神（想想我們曾多少次讓神受到試探）。但同樣地，耶穌知道神的愛用不著證明，因為不久之前天父才稱他為愛子。

4〈馬太福音〉4章3–10節。

這是權力的誘惑。耶穌要是敬拜撒旦，就可以獲得一切。可是耶穌知道自己已擁有一切，上帝才是真正的王。

當我們成為真正追隨耶穌的人，認定了他的身分、理所應當地與他同行，我們的「真我」才能起步。要是沒有追隨耶穌的步伐，便會隨意東抓西抓、恣意攫取，迷失自己的身分，沉溺於其他事物。我們都在尋求安全感，卻不曉得那就在耶穌身上。

當我們察覺所需的一切盡在耶穌身上，就不用再拼命抓取，只要順從。沒錯，就是順從。我們說「人類這存在之物」（human beings）而不說「人類這有所動作之物」（human doings），實在有它的道理。我們順從，我們存在。只要追隨耶穌，他馬上讓我們活出真我，內心平安。

你傾聽什麼聲音？

我們從耶穌身上獲得了安全感，但這還不夠，必須要真的信賴、傾聽、順從，才能實際發揮作用。就像救生衣，穿上了才有用。

要認定我們的身分而安定下來，其中一種辦法，就是確保自己聽對了聲音。身分的確認，基本上就是一場聲音大戰。你在聽什麼？聽誰的話？

在公元一世紀的猶太人社會，如果村裡有人娶了外邦人女子，或把家族土地賣給外邦人，村民就會舉行斷絕關係的儀式。村長若看見犯錯的人試著重返村子，就會把他抓起來帶到村民面前，在他腳下打破一個陶罐（通常裝滿了穀物），象徵那個人與群眾的關係：一旦打破了，就無法修復。那人不再獲得接納，與群體的關係一刀兩斷。

〈路加福音〉第十五章「浪子回頭」的寓言，就是在這樣的傳統背景下展開的。

在故事中，想離家的小兒子要父親把家產分給他，但幾段經文之後，便說他把分到的家產敗個精光，被人丟到田裡放豬，甚至說豬吃的比他還好！我們可以感覺到他有多絕望，可說是陷入人生最低潮；但經文中透露了更多的文化意涵：他耗盡了分到的家產，而耗盡的地點是人家養豬的地方，也就是外邦人的地方。[5]

當他滿心羞愧地回家，一件看似羞恥的事情發生了：父親竟然向著他**跑過去**。對當時中東地區的人來說，做出「跑」的動作是非常令人羞恥的，因為那是小孩子的動作，絕不容許發生在一位有尊嚴、德高望重的成年男子身上。但這位父親願意承受這種恥辱，因為他要成為第一個歡迎兒子歸來的人。他知道按照一般規矩，應該以斷絕關係的

5〈路加福音〉15章15-16節。

儀式來對待，因此他跑過去，確保對兒子說的第一句話是出自他的口、是由衷的事實：

「你是被愛的。」

「你是被諒解的。」

「我看不到你糟糕的一面，只看到你。」

你最初聽到的聲音是什麼？是一位父親的聲音，他張開雙臂，向你奔跑而來。是一位父親向所有人表明你是他的孩子（注意，在浪子的故事中，父親的第一反應就是向眾人確認兒子的身分——袍子、戒指和慶祝的宴會都是為了這一點）。浪子不用做任何事，就可以回到家人的懷抱，圓滿地獲得恩惠、愛與憐憫。給他的袍子和戒指更表明家產還是會留給他！父親擁有的一切，他都可以分享，因為愛為他開路。上帝的聲音帶來財富、愛與恩惠。

當聲音從四面八方傳來，你聽到的是什麼——羞恥？罪疚？厭惡？

抑或你聽到的是最初的聲音？之所以被稱為**最初的聲音**，是因為它原是在樂園中，那時還沒有其他聲音與之爭鳴。那是最初召喚你的聲音。這聲音從樂園中響起，在我們耳邊迴響不絕：「我的兒子，我的女兒，我的孩子，我的心肝。」

我並不是叫你信賴第一個傳進你腦袋裡的聲音，而是說上帝的聲音先於其他一切聲音，那才是我們應該傾聽的。我知道要認出神的聲音並不容易。我幾乎習慣了老是聽羞愧和失敗的聲音。很多時候，我辨認仇敵的聲音，比辨認神的聲音來得容易，因為長久以來，我都在聽那種聲音而不是耶穌的聲音。

當我們每天讀聖經（尤其是福音書），耶穌的聲音便更加清晰。這些古老的經文、故事和詩歌能喚醒我們的心，把它引向聖靈。那是多麼奇妙的事啊！

有個重要的問題是，我們有沒有在心中預留空間，讓那聲音傳進來？當我們在商店裡排隊也目不轉睛地看著手機，當我們在家裡覺得無聊，當我們乾等著什麼事情發生，我們聽到的恐怕都是感情崩潰的聲音。我們經常聽著各種聲音：電視的、網路的、來自朋友的，你知道區別在哪裡嗎？

上帝在靜默中說話。曠野是無聲無息的地方。你是否曾經處身於靜得像自己耳聾的地方？靜得像能聽見自己的思想？

靜默無聲有如怪獸，很多人避之唯恐不及。我們逃避靜默，因為害怕靜默的力量。靜默令我們面對真實的自我，令我們開始挖掘深刻的問題。我們上床前和起床後總要先檢查手機，看看有沒有電話或訊息進來，因為那樣就不用面對令人不安的「靜默」了——那種若有所失的折磨人的感覺、那種讓人想到處抓取什麼的誘惑、那種無能為力的感覺。我們用科技和各種噪音蓋過靜默，要不然會給壓得透不過氣來。

然而，當我們排除掉靜默，也就把上帝向我們說話的空間排除掉了。

先知以利亞（厄里亞）在〈列王紀上〉第十九章就給大家上了一課。在此之前，以利亞異常強大地代表了神的聲音，在一次英勇的對決中壓倒了一大群假先知，上帝甚至讓一個濕透的祭壇燒了起來，證明祂是真神。當其他人都在敬拜假神巴力時，只有以利亞孤軍作戰，堅定不移地相信耶和華是真神。

可是不過幾段經文之後，以利亞就夾著尾巴逃跑了，他對神失去了信心，害怕得要命。這段情節對我們來說可能滑稽極了，但也有極大的激勵作用，這讓我們知道，一個人對神的信賴可以頃刻改變。一分鐘前還是在頂峰，一分鐘後就跌到谷底。我們都徘徊在榮光與塵土、信心與疑惑之間。

接著發生的事相當獨特。上帝發出了一些可聽見的聲音，藉此來訪尋以利亞（我們會看到這是一個反覆出現的主題，表示神一直緊跟著我們）。但〈列王紀〉作者堅定地向我們顯示，上帝所發出的聲音，**不是**張大嘴巴來說話。

經文首先說，山上烈風大作，崩山碎石，「耶和華卻不在風中」。接著又說，風後地震，耶和華卻不在其中。地震後有火，耶和華也不在火中。然後以利亞聽到微弱的聲音：上帝像一陣輕風，低聲耳語。

當我想起「耳語」這個詞，就會聯想到溫柔、和善、美麗。這就是神的聲音。耳語的難題在於，我們必須靜心傾聽。它的微弱聲音只讓用心聆聽的人聽到，精神散漫就聽不到。

曠野之所以重要就在於此。它讓我們聽到耳語。它不會被手機、電腦、二十四小時新聞報導的噪音淹沒。有時候，曠野是唯一能聽到神的聲音的地方。

耶穌走進曠野，沉浸在神的珍愛中。你有沒有做同樣的事？

很多人詛咒曠野，以為一定是自己做錯什麼事或是犯了罪，才會去曠野受苦。但假如恰好相反呢？——曠野是恩賜的時刻，讓我們學習如何被愛。

在《舊約》裡，先知何西阿（歐瑟亞）說過一段奇怪的話，那是神對當時背叛祂的以色列人說的。神說要「領他到曠野，對他說安慰的話」，這聽起來十分詭異，不是嗎？曠野代表死亡、痛苦、哀傷、飢渴，神卻要誘導以色列人到曠野。這裡說的「誘導」是帶有一點浪漫意味的，神像是求愛般懇求他們走進曠野。祂想要溫柔地跟他們說話。

神把曠野看作祂和我們之間的特別地帶。我們可以不再抗拒曠野了嗎？

你的身分勝過你的作為

我念小學時是個問題兒童。我常覺得悶得發慌。當一個小男孩悶得發慌，他就會惹麻煩。

我常做的惡作劇，包括洗手間裡有人時把燈關掉，把裹著痰或口水的紙團擲向其他孩子，以及各種十歲小孩會做的無聊事。

這些惡作劇很多是在下課時間做的。我把雜物擲向其他孩子，把皮球踢向他們，還有故意講些什麼來羞辱他們。我不是體格最高最大的男孩，小學時也不是。我幾乎一直是班上個子最小的，直到上中學情況才不一樣。因此當我做出那些搗蛋動作時，我知道自己必須跑得比對手快，因為一旦給抓住了，我不可能拚得過他們。

但後來我發覺不一定要逃跑，只要溜得夠快，跑到我的好朋友「大麥克」身邊就行了——從他的名字你就能看出他的體型特徵了。我承認我過盛的想像力常會讓我想錯方向，但對於鬍渣、棉絨衫和斧頭這些壯男的象徵，我九歲時就認得了。

我是大麥克最要好的朋友之一，妙處就在於，當我做了蠢事被另一個孩子在操場上追趕，只要跑到大麥克影子下就行了。我一到了這個安全島，追趕的孩子便在大麥克腳步前煞車不動，只能眼巴巴瞪著。我安然無恙，他們不敢碰我，因為我在大麥克身旁。

那些想揍我一頓的孩子，他們會停下來，不是因為我做了什麼，而是因為我跟誰在一起；他們會害怕，怕的不是我，而是我身旁那傢伙。

從這裡我們可以稍微領悟到，所謂「以耶穌的身分作為我們的身分」是什麼意思。「在祂裡面」這種說法，在《新約》裡出現超過一百次（順帶一提，如果有些事情出現次數達到三位數，你就該知道那是個重要主題）。在耶穌身上可確認的事，在我們身上也可確認。當我們信靠耶穌，他就是我們的護衛者。任何時候撒旦在你耳邊說誘騙的話，你指指身旁這位護衛者就行了。

耶穌毫無過失，表示我們也一樣。

他是正直的，表示我們也一樣。

他與神之間沒有隔閡，表示我們也一樣。

很多時候，當虛假的聲音在腦中響起，我們會試著用自己的力量抵擋。但我們一這樣做，腳步就不穩了。其實我們應該跑到身分與我們相同的耶穌那裡。魔鬼不怕我們，他們怕的是耶穌——我們的護衛者。

我們也是王的子女，所以我們某方面來說也是「危險人物」。對我們的襲擊，就是對王室的襲擊。你不會對王子公主搗鬼，因為你畏懼國王。

你看過電影裡的國王嗎？通常會有一個場景把王座大廳的富麗堂皇展現出來，當左右兩扇大門敞開，在超廣角鏡頭引導下，我們的視線沿著紅地毯瞥向王座。不過很多時候，我們會先看見國王身邊的侍衛。他們通常穿著盔甲，神情肅穆。

他們看來僵硬、冰冷、不苟言笑。他們受雇於國王，肩負著任務。如果他們把事情搞砸了，就會從崗位上給踢下來。假如這些侍衛在王座大廳裡跳起舞來，繞著圈子你追我跑，玩弄著武器，嘻嘻哈哈跳上跳下，那會是多麼古怪的畫面啊？

但假如做這些動作的是小孩子，就半點不奇怪了。孩子們被賦予自由，可以率性玩樂。如果走進王座大廳，看見小孩子繞著王座玩耍，跳上跳下，跟父王其樂融融，那就顯示國王有一顆和善慈祥的心。

小孩子可以獲得侍衛所沒有的優待。可惜的是，很多人認為自己是侍衛。在神面前，我們僵硬、冰冷、拘謹，害怕被趕下崗位，因而如履薄冰。可是小孩子不會從崗位上給踢下來，他們擁有獨屬於孩子們的歡樂與自由。

你和神的關係是屬於哪一種情景呢？

你是否戰戰兢兢、害怕犯錯，還是繞著神的王座跑跑跳跳、自得其樂，因為你曉得你的父親是宇宙之王？

神要尋找的不是一群侍衛，祂在尋找的是祂的兒女。

耶穌受洗時不是聽到「這是我的員工」，他聽到的是「這是我的愛子」。

當你回望自己的人生，你看到了什麼？你的工作讓你倦怠嗎？對生活感到疲憊嗎？是否覺得自己精疲力竭了？

精疲力竭是一些聲音造成的。那是造成傷害的聲音。但是有另一個聲音更響亮、更原始，它向你宣告你是被愛、被諒解的。你可以走向父親，他會溫柔地擁你入懷。

第五章

安息日跟你想的不一樣

不是什麼都不做，是在玩樂中休息

The Sabbath's Not What You Think

靈修作家考門夫人（Lettie Cowman）曾寫到一次前往非洲的遭遇。她原希望這次旅程很快完成，因此找了幾位特別的嚮導，以為就能暢行無阻了。行程第一天，進展之快讓她喜出望外，可是第二天早上所有嚮導都坐著不動。她付錢雇用這些嚮導卻碰了釘子，便問領隊說，為什麼沒有人願意上路。她尤其想不通的是，前一天他們還走得那麼快。領隊告訴她，那些嚮導走得太快，也走得太遠了，現在他們要「等待靈魂趕上肉體」。[1]

你最近一次休息、讓靈魂趕上來，是什麼時候的事？當我回頭看看，試著回答這個問題，恐怕我的靈魂和心靈的整全，不是落後了幾天，而是落後了好幾年。

「安息日」（sabbath）原文的字面意義是「停止」。

你上一次停下來是什麼時候？很可惜的是，很多人無法回答這個問題，因為他們不知道答案。

很多人會說：「可是我有很多事要做！我沒時間休息！」

當眼前有一大堆事情等著做的時候，休息好像成了一件很可笑的事。新工作剛開始，你要休息，就可能被解雇。下週就是期末考了，你能休息一天不溫習嗎？對初為人父的我來說，這個問題更是非常棘手——如果你有一個不滿週歲的寶寶，你就曉得要休息真的難若登天。但為了我自己，為了艾莉莎和我們一家人，休息絕對是值得的，無論如何都值得。

神學家約翰・派博（John Piper）曾說：「推特和臉書最大的用處之一，就是在末日那天證明，你不禱告不是因為你沒空。」我們都有時間，問題只在於怎樣好好利用。

我們老是說自己很忙，但那是真的嗎？也許你是忙著打電話、滑手機，或是在電視機或電腦前忙個不停。

如果有人跑來跟你說，要給你一份令人難以置信的禮物：每週多給你一天，讓你一週有八天而不是七天，你願意接受嗎？可是接受禮物有一項限制，在這額外的一天你不能工作，只能休息。你要在這天遊玩，與家人團聚、享受天倫之樂，好好吃一餐，做充實心靈和喚醒心靈的事。你接受嗎？

其實我們每週本來就有這額外的一天，而且要做的正是這些事。上帝在宇宙的運行中安排了休息的一天，如果我們的步伐能夠跟隨宇宙的運行方式，就最好不過了。[2]

那我們的步伐要怎麼配合？就看看舞蹈好了！自從我們家有了金絲莉這個小寶寶，就經常舉行迷你舞會。音樂和舞蹈有一種魔力，令金絲莉樂不可支、笑得合不攏嘴，我

1 John Ortberg, *Soul Keeping* (Grand Rapids: Zondervan, 2014), 126.

2 我要感謝庫提斯．耶茲（Curtis Yates）在我撰寫本書之際，向我提出這個問題。

們也會跟她一同笑起來。對我們一家人來說，這是有趣而特別的一刻。

舞蹈有一點是很有趣的：節奏不是由你控制，舞步也不是由你主導，而是由音樂決定。如果你不能跟上節奏，舞就跳不成了。當音樂響起來，如果你能夠隨著旋律舞動，你就知道自己做對了。節奏是舞蹈的規律，只要跟隨著節拍而動，就能踏出流暢的舞步。

安息日也一樣。宇宙有它的結構，運行起來有它的美感，就像舞蹈一樣。我們之所以不能配合宇宙的運行，是因為沒有聽到宇宙的旋律。你要把耳朵的頻道調整一下，讓它聽到宇宙的旋律，那麼，你的生命將會大為改變。

害怕休息

你上一次問別人「最近過得如何？」而對方回答說「棒極了！」或「我覺得很平安、很充實」，那是多久以前的事了？

我相信你一定記不起來了。別人的答覆很可能是「我最近忙透了！」或是「工作令我喘不過氣來，我這陣子完全沒空」。大家似乎認為忙碌是新世代的榮譽勛章，如果人家問你的近況，而你的答案沒有一個「忙」字，你就會擔心別人是不是在懷疑你沒有說真話。你一定要說很忙，因為不想別人懷疑你偷懶、認為你無關重要。我們的社會就是有這樣一種鄙陋的扭曲心態：誰的工作最多，誰最精疲力竭，誰就最成功。

我們都會說耶穌是我們的主，但在實際生活中，工作更像是我們的救主。我們應該在臉書的宗教欄填上「工作表現」才對，因為那才是真話。

我們害怕休息，害怕靜默，害怕空閒。我相信這有兩個原因：一、我們畏懼靜默；二、我們害怕變得無關重要。當我們在休息，或沒有做任何工作，就覺得喪失了應有的身分，覺得自己不再是原來的我，這種心態在西方社會十分普遍。因此有些人活著就是為了工作，這樣起碼可以覺得自己是重要的。

美國維吉尼亞大學（University of Virginia）的心理學教授提摩太．威爾森（Timothy Wilson）曾做過一項令人震驚的研究，顯示民眾總是時刻要與別人聯繫，像上了癮一樣。他指出，我們這一代人，可能是人類歷史上首見、變得完全沒有一刻空閒的世代。他對七百人進行了十一個不同的實驗，發現「大部分參與者表示，單獨一人關在房間裡安靜沉思，只要六至十五分鐘，就開始感到不自在」。[3]

3 Kate Murphy, "No Time to Think," *New York Times*, July 25, 2014, http://www.nytimes.com/2014/07/27/sunday-review/no-time-to-think.html?referrer&_r=0.

原來我們獨自沉思，只能維持洗個澡的短短時間（也許因為這個緣故，我們大部分的創意都是洗澡時產生的，因為那是唯一真正閒著的一刻）。

這項研究可怕的發現還在後頭：房間裡有一台機器能令人產生觸電的不適感，實驗參與者可自行決定是否使用。很多人實驗前表示，為了避免觸電，他們寧可花錢消災。

可是經過一段時間空閒沒事做之後，「百分之六十四的男性和百分之十五的女性在獨自沉思時，開始尋求觸電的刺激」。因為我們平日沒有空出獨自思考、自我省思的時間，心中各種懸而未決的難題便形成潛在的恐懼。威爾森的研究指出，這些難題包括「不協調的人際關係、人生或事業上的失敗、金錢煩惱、健康憂慮等等」。當我們獨自安靜沉思，這些難題便浮現出來，令我們害怕，迫使我們面對困境。為了逃避這些難題，我們寧可上網，因為網路上的一切都安排好了，我們不必用腦；要是沒有其他逃避的出路，就只能尋求觸電的刺激了。

還有比這更荒唐的事嗎？寧可觸電，也不願意坐下來沉思一下？

喜劇演員路易（Louis C.K.）在節目中告訴主持人柯南・奧布萊恩（Conan O’Brien），靜默會令我們做出令人難以置信的蠢事：

> 有時眼前一片乾淨，你沒有注視什麼，你坐在車上，開始這樣想：「喔不，那種感覺又來了，那種只有我一個人的感覺。」於是一抹憂鬱襲來，你感到人生極為哀傷，自己只是徒然活著……就是因為這個緣故，我們喜歡邊開車邊傳手機訊息。我環顧四周，幾乎百分百開車的人都在傳訊息。這種做法會令人喪命，每個人都在用他們的車去殺人！但大家願意冒著殺人及毀掉自己一生的風險這麼做，因為他們連一秒的孤獨也忍受不了，很難挺得過去。[4]

如果我說，我從來沒有因為受不了靜默而邊開車邊傳訊息，那是騙人的。這裡我也自己爆料好了：我開始寫這一章以來，已經先後五次查看手機、推特和臉書了。

最糟的是，科技促使我們的步伐愈來愈快。

被殺死的同理心

還記得嗎，十五到二十年前，傳輸速度每秒五十六千位元（kilobit）的撥號網路連線

4 Louis C. K., interview by Conan O'Brien, Conan, TBS, September 20, 2013.

就是令人耳目一新的先進玩意了。連線時，首先聽到電話撥號音，然後是一大堆斷斷續續的刺耳雜音，接著奇蹟出現了：我們可以上網，瀏覽要看的任何東西，你還可以收發郵件，跟世界各地的人聊天。不過上網的時候，電話就不能通話了，當時沒有人覺得這是大問題。

可是，如果今天的網路連線那麼慢，我們可能會發瘋，心情極度沮喪，也可能開始把家中雜物扔到窗外來發洩了。我們習以為常地追求更多、更快、更好。

科學研究顯示，對速度的追求，使人類兩大潛能遭到扼殺——創意和同理心。缺乏休息時間，同理心就會被削弱。當我們慢下來，才會開始想到別人。當我們避免沉溺於自我，才有餘力對別人付出，才懂得同情和憐憫。休息能創造一個更美好的世界：想像一下數百萬、甚至十幾億追隨耶穌的人，全都撥出一天休息、玩樂、相親相愛，世界會變得多麼美好！

今天我們卻不是這樣，我們對噪音和科技徹底上癮，不惜生活被撕破、割裂也毫不後悔。到底科技如何影響我們的作息、生活節奏和性格？這方面最有名的學術研究，也許是來自麻省理工學院（MIT）的雪莉・特克（Sherry Turkle）教授，她過去三十多年一直研究這個課題。

她在最近刊登於《紐約時報》（*New York Times*）的一篇文章中指出，我們沉迷於把生命每一刻記錄下來（譬如拍攝眼前的一杯咖啡或一本書，把照片上傳到 Instagram，或一邊在音樂會中聽音樂一邊在臉書貼出現場的照片），這種做法給人生帶來了根本性的轉變。她說：

> 自拍這種習慣，令我們和身邊的人落入「暫停」模式，我們用這種方式把生活中的事物「歸檔」。這是另一種習慣的延伸：我們在收發訊息、影片、電郵或電話時，常常習慣讓彼此的對話「暫停」下來。
>
> 當我們對這種經常暫停的人生習以為常之後，相對之下，就不會習慣去思考自己當下的處境或內心的牽掛。[5]

如果你選擇這種隨時暫停的生活方式，就無法活在當下。兩者是不能兼容的。

5 Sherry Turkle, "The Documented Life," New York Times, December 15, 2013, http://www.nytimes.com/2013/12/16/opinion/the-documented-life.html.

安息日的精神

我喜愛大城市，也喜愛歷史和文化，因此很自然地，耶路撒冷是世界上我最愛的城市（紐約也許是很接近的第二名）。儘管我只去過耶路撒冷一次，卻停留了不短的時間，而且那不是一般的基督教朝聖之旅。當然我們也有參觀「耶穌景點」，但那只占整個行程的一兩天。

那時，我們住在一位良師益友的家中，他們一家有時住在美國，有時住在耶路撒冷。他們當地的公寓離老城區才一英里左右，因此我們可說是住在全城的中心點。

我在耶路撒冷最愛的一種經驗，就是安息日的慶典。星期五日落時分，城西地區響起巨大的號角聲，表明安息日來臨。片刻之後，一切繁囂的活動落幕，剩下一片寧靜。除了偶爾駛過的汽車，幾乎沒有人在行走或開車，甚至沒有人外出，感覺有點怪怪的。

但在城內一些地方，比起尊重安息日的**精神**，人們似乎更加遵守安息日的**戒律**。

城中央的農夫市場（簡稱 The Shuk，是一個聞名遐邇的市場）在星期五下午忙得一團糟，所有人都在搶購未來一兩天的食物，因為星期六完全停止營業。你會在預備休息的氣氛中聽到焦慮和躁動。有人會高聲叫喊，到處衝來衝去。很多人認為自己的需求遠超過其他人的需求，別人最好不要擋住去路。當然不是所有人都這樣，預備過安息日對不少人來說也是充滿生活情趣的，但對很多人來說卻是一種負擔、一種枷鎖。

踏著瘋狂的步伐走進安息日，難免違背原來的意義，我不敢相信這是上帝設立安息日的用意。在安息日這天，我們應該創造一種美妙、歡樂、圓滿的氣氛。可是大部分人只是表面上遵守安息日的戒律，心裡卻是另一回事。

我們留宿的家庭，表現出安息日優美的一面。他們全家合力做好準備：點燃一根蠟燭作為象徵，讓它燃燒整整二十四小時，又或在地上插一根棒子，紀念往日的歷史。然後在安息日來臨之際，提醒大家在這天停止做事，要休息、玩樂。父母祈禱、祝福五個子女，然後由孩子們興高采烈地帶頭，大家拍桌子、鼓掌、唱安息日的歌，再一起吃晚餐，開一瓶好酒，享用美妙的一頓飯。

這包含著神聖、神秘而美麗的一面，這段時間裡，大家真正地玩樂與休息：

不會瞧手機一眼，
不會狼吞虎咽把飯吃完，
不會趕著打電玩或看電視。

這就是安息日了。我們一起在餐桌旁，體會到生活所追求的，就是建立美好的人際關係，分享美食，彼此深刻交談、相親相愛。

我們在那裡度過了好幾個星期五，不止一次親身體驗安息日的生活樂趣。安息日之後的一整個禮拜，是一段難忘的時光（像這樣的難忘時光，我一輩子屈指可數）：我覺得神的存在是可以摸得著的，我能感受到前所未有的恩典和愛。

一次安息日晚餐之前一小時，他們一家決定跟樓上另一家人一起敬拜神。於是我們唱歌、祈禱、慶祝，把上帝為我們做的一切銘記在心。

那時艾莉莎肚子裡懷著四個月大的金絲莉，因為這個緣故，也因為我們是客人，大家圍坐一圈時，我們夫婦倆就坐在中央，大家為我們祈禱、給我們打氣，把手放在我們身上，透過親密接觸帶給我們親切感，令艾莉莎和我受寵若驚。

大家為我們感謝神，感謝神賜給我們這個新生命，賜給我們這個即將到來的三人小家庭。甚至小孩子也為我們禱告：八個從五歲到十多歲的小朋友，把手按在我們身上禱告、祝福，我們一再受寵若驚，感動得難以言語。

那一刻，我覺得自己是個圓滿的人，圓滿地被愛、被體諒。天堂像是降臨地上，彷彿架起了一座祭壇。時間靜止下來，愛在身邊流動、滿溢。如今回想起來，那天的感覺依然活靈活現。

這是我永遠不會忘記的一個安息日。

亞伯拉罕・海舍爾（Abraham Heschel）拉比曾說，如果聖殿是我們與神接觸的空間，安息日就是與神接觸的時間。[6]

> **聖殿是天堂與此世交接的神聖空間，**
> **安息日是連結了天堂與此世的一段時間。**

在人人沉溺於工作的現代社會，我們尤其需要騰出一段神聖的時間，把沉溺於工作的心態、科技和消費主義拒諸門外。對今天的人來說，時間並不神聖，我們習慣了把時間看作一種商品，供我們利用。可是你只要看看歷史就會驚訝地發現，人類在過去大部分歷史中根本沒有時鐘，也沒有人把一天裡每一刻該做什麼一一規劃妥當，譬如：這一刻吃飯、接下來一段時間開五個工作會議、再下一刻帶孩子去補習班。在現代社會中，我們是時間的奴隸。

6 Abraham Joshua Heschel, *The Sabbath* (Farrar, Straus and Giroux, 2005).

安息日教我們向這種做法說「不」，因為時間是神聖的。但是，這段騰出來的時間，我們該做什麼呢？

讀了《新約》我們就會看到，安息日的目的、主旨和使命，都隨著教會逐漸成長而改變。到了現在，很多人認為安息日就是安靜下來，整天禱告，或整天呆在沙發上、什麼也不做。

當然，如果你能做得恰到好處，在安息日也不妨這麼做，可是我要提醒你，一不小心的話，這樣做可能會讓你違背安息日的宗旨。一整天可憐兮兮地揪出自己犯下的所有罪過、再責罵自己一頓，或是在禱告時把自己完全孤立起來、不理會任何人，或只是虛度光陰直到下個星期日來臨，其實都有違安息日的本意。

安息日的三項原則

我們是個年輕家庭，對於怎樣過安息日、怎樣撥出時間撫慰心靈，艾莉莎和我還一直在摸索，我們也經常一起討論。後來我們發現，生活中一些簡單的事，能給我們帶來安息日的心情：

- 把手機關掉一整天
- 走進大自然
- 好好吃一頓飯

這是我在深入研讀聖經時看見的一些做法。仔細分析後，我發現有三項原則可以幫助我們好好地度過安息日：充實自己、紀念往事、展望未來。

◆充實自己

要了解安息日的第一個目的，必須回過頭去聆聽伊甸園裡的迴響。安息日是來自宇宙深處的旋律，是創造天地的遺傳密碼的一部分。上帝之所以休息，不是祂需要休息，〈創世記〉第二章告訴我們，上帝的休息是慶祝、是落成典禮，在這一天讓祂的存在充滿整個天地。

在首個安息日，神以這樣的方式來標誌創造的大功告成，並利用這天讓自己與受造物融為一體。我們如果以同樣方式來慶祝安息日，是十分恰當的。

因此，我們每週要有一天讓神的存在充滿這個世界：譬如有創意地利用金錢、時間和能力來造福大眾；或是預留這段神聖的時間為他人效勞，與他人相親相愛。我不敢說艾莉莎和我在這方面做得很好，但我們都在學習這麼做。你可以試試在安息日與鄰居共享晚餐，或每週抽出一天幫助鄰舍一位獨居老人做家務。

這樣實踐安息日，可能表示你要在安息日「工作」。但如果你因為幫助別人而感到內心充實，你就會領悟到，這正好符合安息日的原意。

我最喜愛的安息日定義，來自海舍爾拉比所說的：

> 要提醒自己，我們每個人都具備王者氣質。我們應該摒除主奴、貧富、成敗的區別。慶祝安息日，讓我們每個人超脫文明與社會、成就與焦慮。安息日包含著一個信念：人皆平等，而人類的平等，表明了人的尊貴本質。人類的最大罪惡，就是把自己的王者氣質拋諸腦後。[7]

你可以注意一下，世上所有令我們變得不平等的事物，都跟工作有關——我們賺多少錢、開什麼車、做什麼工作。但在安息日這天，大家都是平等的。每週一次，我們要打破大家屬於不同階級的固有觀念。我們都帶有神的形象，每個人（在休息之際）都是一樣的，我們要提醒自己，上帝期望我們這樣平等相處。

當我們為他人禱告，當我們鼓勵、照顧他人，就等於在過安息日了。因為這就是讓神的存在充滿這一刻，就像神在伊甸園所做的一樣。讓天堂降臨於世，讓此刻變得神聖。安息日是鼓勵他人的一天，你願意在這天發一則表示讚賞的訊息給身邊的人嗎？

你的日子過得充實嗎？或者你老是覺得自己被掏空了？讓我們在安息日撥出時間，好好地充實自己。

有一件事十分奇妙，卻很少有傳道人提到：安息日雖然是創世的第七天，卻是亞當和夏娃生命開展的第一天。

把我們自己代入亞當的身分來看：上帝不是為了月亮、星辰、動物、植物而創造亞當，亞當是上帝創造天地萬物的巔峰。當上帝把生命往亞當鼻孔吹進去，他就活了起來，然後上帝便去休息。從亞當的角度來看，他誕生後的第一天就是休息的一天，也是自我充實的一天。

一切由上帝動手來做，亞當是從休息開始。在亞當好好充實自己之後，他才能扛起任務，帶著神的形象在伊甸園做神所交託的工作。上帝工作六天之後休息，亞當則

7 Abraham Heschel, *God in Search of Man* (New York: FSG, 1976), 417.

是首天休息，然後才展開工作。這跟十字架的故事不是很相似嗎？耶穌做了所有要做的事，卻召喚我們坐下來休息。我們的第一天，我們張開眼睛的第一刻，就是休息的一天、休息的一刻。

我們應該把安息日看作一週的開始，還是一週的結束？很多帶著焦慮工作的人，都恨不得趕快把事情做完，好迎接週末的休假。其實這樣也不錯，但我注意到，如果你在一週的第一天先實踐了安息日的精神，接下來的工作就能達到不一樣的深度。所以我認為最好從休息開始，然後工作；而不是先工作，然後渴望休息。

◆紀念往事

在以色列人出埃及之後，安息日的意義又有新的發展。上帝帶領以色列人出走後，向他們頒布〈摩西五經〉。守安息日的戒律最初見於〈出埃及記〉第二十章，在〈申命記〉第五章又再提到，上帝解釋，那是為了紀念上帝把他們從埃及的奴隸生涯中拯救出來。

上帝告訴他們，每七天休息一天，因為他們不再是奴隸，已重獲自由。

因此，安息日的第二個目的是提醒我們，我們是自由的。

如果我們不守安息日，我們還是自由的嗎？抑或我們成了各種事物的奴隸，每天只管追求工作表現、打電話聊天、沉溺於享樂與癖好，以及被人需要的錯覺？

安息日是為了慶祝、紀念我們的自由之身：我們不再處於帝國統治之下，而是在神的王國中；我們不再是商品，而是人類；我們不再是造磚頭的苦工，而是彰顯神的形象的人。

時時記得這一切，我們就能獲得自由，與其他人形成一個自由平等的群體。

當我們成為商品，其他人就是跟我們競爭的貨品。

當我們休息，其他人就是我們的鄰人。

在成長過程中，我總是認為如果我要成為基督徒，就要捨棄種種樂趣。某方面來說，基督宗教具有晦暗、抑鬱、必須犧牲奉獻的部分，有時會令人感到沮喪和氣餒；但從另一方面來看，基督宗教是一種帶著歡慶心情的信仰，它是一個盛大的派對，神就在派對中！沒錯，神在我們中間！

看看神做了什麼：祂拯救了我們，這還不足以讓我們好好慶祝一番嗎？所以安息日就該慶祝！每週抽出一天舉行派對，我們在其中跳舞、唱歌、吃吃喝喝、相親相愛。

守安息日是十誡的第四條戒律。它前面的三條戒律都與神有關，後面的六條戒律則關於如何待人——它是敬神和愛人之間的連繫。一個真正的派對能兩者兼顧，讓神和人都受到尊重。

每次艾莉莎和我安排一次特別聚餐，大家首先禱告，再來乾杯。禱告是尊敬神，乾杯是對客人和朋友表示重視和尊重。有時我們說的非常簡單，只不過對朋友說一句話，感謝對方進入我們的生活圈。表達這樣一點小小的關愛，便能點燃生命之火，像一根小火柴把光帶進漆黑的房間。

◆展望未來

在安息日安排聚會或做一頓飯，無疑就是在「工作」了，但這樣給別人帶來歡樂，卻能讓我們在安息日獲得真正的休息，因為這是為生命帶來活力的最佳做法。這種做法在耶穌之前聞所未聞，但隨著耶穌降臨世間，他開始對僵化的守安息日習慣提出質疑。「守安息日」是耶穌以至於後來的保羅所挑戰的唯一戒律，十誡的其他戒律通通保持原狀。我們可以看到，守安息日的戒律在耶穌之後變得有所不同。

一直以來大家都虔誠地守安息日，但耶穌並不完全贊同這條僵化的戒律。[8] 對公元一世紀的以色列人來說，安息日就是一成不變的。他們沒有掌握安息日的意義，為了這天什麼能做、什麼不能做而吵嚷不休，讓安息日變成只講規矩的一天。一旦這樣斤斤計較於對錯，就失去了安息日的中心主旨，大家只是遵守字面上的規矩，沒有活出規矩的精神。

二〇一四年，我們在耶路撒冷就目睹了這種對繁文末節的斤斤計較。那裡有所謂的「安息日電梯」，每層樓都會自動停一下、打開門，二十四小時不停運作。這是為了讓恪守戒律的猶太人又可以使用電梯，又不會在安息日破戒，他們可以避免碰觸任何電氣設備（例如電梯按鈕）——因為這也被視為工作。

不過耶穌清楚指出，安息日是為人而設，而不是人為了安息日而設。這一天是神對我們的恩賜，不要把它變成奴役的一天。

這天是神的禮物，讓你充實自己。它不是負擔，更不是硬要你遵守種種規條。在這一天，你應該一頭栽進上帝懷抱裡，用不著每五秒鐘就擔憂這個、緊張那個，看看自己是否破戒了。

我們在第二章談到，聖殿原是一幢建築，但耶穌顛覆傳統，指出聖殿只是一個影

8 〈歌羅西書〉（哥羅森書）2章16節。

子，耶穌本身才是真的聖殿。耶穌走到哪裡，聖殿就在那裡。這個天堂俗世交接點變得會行走、移動、呼吸。當我們成為耶穌追隨者，就同樣成為天堂俗世的交接點。

安息日也一樣。耶穌不光把聖殿的四堵牆壁推到，也把安息日這天的界線銷毀。安息日是指向萬物徹底重生的箭頭。在重生的一刻，萬物獲得圓滿的恩典，可以休息、充實自己。當我們實踐安息日，就是指向永恆不息地重生的未來；每一刻都是安息日的一刻，都在實現萬物的重生。

簡單地說，安息日就是追求歡樂。

只要我們知道，這個萬物圓滿重生的過程代表一切永遠在更新，我們就會獲得永恆的歡樂。這是一場盛宴，我們與耶穌同坐一桌，安息日讓這個願景馬上實現。安息日把未來的歡樂牽引到此時此刻。因此，享用一頓佳餚是美妙的安息日敬拜活動，因為它代表歡樂、喜悅。

我喜歡這麼想：安息日的意義就在於玩樂——真正的玩樂。你還記得自己小時候怎樣嬉戲嗎？你走到鄰里街道上，手中只有一個罐子或一根棒子，卻想出各種充滿創意的遊戲，一直玩到快天黑才回家。這種小孩子的天真玩樂，是映照永恆的一種迴響。當你這樣嬉戲，就是在貼近上帝的心，就是在品嘗未來的滋味，因為新的天地最終就是這樣。新的天地包含對耶穌的敬拜，敬拜包含永恆的真正玩樂，因為上帝創造我們就是要我們玩樂、嬉戲。

耶穌在〈馬太福音〉中指出，想要進入天國的人，就要變得像小孩子那樣。我要說的是，小孩子其中一個最顯著的標誌（不一定能在成年人身上找到）就是他們懂得嬉戲。不要錯失良機，這是一個路標，把你引向一場盛宴，與君王共飲，成為上賓。

你的安息日是歡樂的，還是鬱悶的？什麼能令你充實？什麼帶來歡樂？什麼帶來全新的感覺？

不管你的答案是什麼，只要符合新天地的倫理，就去追求那個目標吧，管它是繪畫、遠足、吃喝、開懷大笑。

這就是安息日，就是敬拜。

第六章

敬拜跟你想的不一樣

你崇拜什麼，就會變成什麼

Worship's Not What You Think

我念高中時，參加學校的棒球隊。我們打得不錯，有希望問鼎州冠軍，甚至登上全國龍虎榜。春假期間有幾場比賽，我們不用上課，就提早到場暖身，舉行內部的練習賽。其中一場是用發球機發球的爭球比賽。我在中外野，一位隊友把球打向中外野和右外野之間，我馬上向著球疾奔。跑到半途，我發現如果縱身撲去就可以把球接住，於是我再跑近幾步，然後拚命往前方躍去，又稍微翻過身來多給自己一點出手空間，終於把球接住了。

那是八年前的事，但我腦海裡仍然可以慢動作重演一次。由於中途笨拙轉身、還躍高接球，我右臂橫在胸前重重摔倒在地上，發出巨響，我從沒聽過那麼響亮的撞擊聲。

那一瞬間，我痛得像被火燙著。本以為這次會像以前那樣，幾秒鐘後痛楚就會減退，可是當我嘗試站起來，那條手臂根本動彈不得，我跪在地上，痛得整個人都在搖晃。教練和幾個人過來看情況，馬上知道事情有多嚴重。因為我無法動彈，他們要把運動衫割開察看傷勢。我的鎖骨從正常位置往外凸出一段距離——我把它完全壓斷了。

我這個球季完蛋了，再也沒有棒球，沒有比賽，沒有機會在本州錦標賽一顯身手。我的鎖骨斷裂移位，要用兩塊金屬片和十顆螺釘重新固定起來。

意外發生後，我有很多時間思考，因為躺在醫院病床上，除了吃果凍充飢和看看電視節目，簡直就無所事事。最奇怪的是，儘管不是永久喪失運動能力，也還不確定會不會有什麼後患，我卻在一瞬間喪失了大部分的自我價值。

我從有記憶以來就常常參加棒球比賽。花在棒球上的錢有好幾千美元，買了一屋子球具和數不盡的訓練器材，還要負擔比賽的旅費，付出時間、精力、血汗。棒球是我生活的中心點，是我生命的支柱與重心。

然後，一瞬間全都化為烏有。

人性就是這樣：一件東西失去了，才能察覺到它的價值。當棒球從我的人生消失了，我才察覺我不但喜愛它，更崇拜它。棒球界定了我，賦予我價值，它是我的神、我的救主。

當然，我從來沒有說自己就是這樣，但我的生活顯示，我確實是這樣。

我們反映的是什麼？

回頭來看看伊甸園。我們看到人類具有獨特地位，我們在造物主之下，其他萬物之上。神按著自己的形象造人，這位創造天地的巨匠賦予人類一種特殊能力——能反映出祂的容貌。

我們怎樣反映神的容貌？最好的說明，就是想像我們像一面鏡子，四十五度角傾斜，不偏不倚放在地上。上帝的形象和祂的榮耀與愛從上面照射下來，我們就像傾斜的鏡子，把來自上面的善與美在地面反射出去。

同時，鏡子也把地上的情景反映到天上。我們帶著神的形象，肩負神賦予我們的任務，像亞當吃下禁果前在樂園擔任園丁那樣，在園中擷取素材，做出充滿創意的漂亮成品，然後獻給上帝。經過我們塑造，就像經過園丁培育、種植，原來沒有價值的東西就添上了價值。

我們以樂器奏出美妙樂音，成為音樂。

我們採摘蔬菜香草，做一頓好菜。

我們拿起畫布顏料，創作藝術。

我們的角色跟祭司很相似：祭司替別人把祭品獻給上帝，表示讚美；我們從世間的混沌把美揭示出來，獻給上帝，表示崇敬。

當我們把鏡子四十五度角架設起來，天上的景物會往地面反射出去，地上的情景也會反射到天上。像鏡子一樣把造物主的美善反射到世界上，這是我們的任務；像鏡子反射回去那樣，回應上帝在樂園的召喚、負起栽培任務，把培育的成果獻給上帝，這也同樣是我們的任務。

可是，在亞當和夏娃吃下禁果的一刻，鏡子破碎了。它也許仍能反射一些光線，但我們知道，破掉的鏡子肯定不能準確地反射影像。我們再不能把神反映出來，反而像破碎的鏡子那樣，只能反映出我們最初所犯的罪——妄想變得像神。我們反映的是邪惡、混亂、權力、貪婪、腐敗、成癮。

最初我們敬拜神，可是當我們犯罪，宇宙便破裂，真空隨之出現。我們的生命原是在神的庇蔭之下，在平安之中。我們原是處身於繁花似錦的花園與大地，所見的都是美不勝收的藝術與奇麗的色彩。我們原是完整的人，認識上帝，與祂在樂園中同行。我們的生命軌跡原是要圍繞著神以及祂賜給我們的一切——美善、平安、和諧。

當宇宙破裂，生命軌跡原來繞著運行的核心，頓時變成真空。像所有真空一樣，它會吸進任何靠近它的東西。上帝不再存於我們心中，被真空出現後我們首先碰上的東西取代；真空吸進的是神的創造物，卻取代了原來在我們心中的造物主。

原本我們參與創造、由我們掌控的東西，如今反過來掌控我們。

原本我們負責創造和栽培的東西，如今反過來奴役、統治我們。

我們不再掌控，反而成為被掌控的奴隸。

就這樣，樂園裡的規則反轉過來了。

這種事情今天仍在發生。世上一切都在引誘我們，令我們把自己整個人奉獻給性愛、美貌、安逸、運動、金錢，以及個人欲望。

捨棄神而追求這些欲望，成為人生的一切。棒球不是我喜愛的運動，而是我的上帝，這兩種態度有天壤之別。

這就是「偶像」的定義：世間虛妄之物，卻妄稱能做到只有神能做到的事。它挑動我們的美好願望，比如愛、親密關係、理想、人生目標，卻把這些好的「願望」變成如飢似渴的「欲望」，變成求神問卜的目標，藉此奴役我們。

我們是來自首都的雕像

當古代的首都城市展開考古挖掘，很少會發現當地掌權的神祇或帝王的雕像。比方說，在羅馬幾乎無法找到凱撒大帝的任何雕像。帝國統治者的大部分雕像，都是在遠離首都的殖民地找到的。

雕像或圖像都是表明「誰是統治者」的一種標記。不管是巨型雕像，還是錢幣上的頭像，民眾看到了便曉得誰是當地的主宰，即使以前從沒到過這個地方，也一看便知。在離羅馬千里之遙的殖民地放一個雕像，就足以表明凱撒是這裡的統治者。這個標記提醒你，讓你搞清楚是誰執掌統治大權。

我們也一樣。天地的主宰賦予我們祂的形象，使我們成為大地上有生命、會呼吸的「人肉雕像」。但是，我們跟真的雕像不一樣的地方是，我們可以轉過身來，對我們的主宰說「不」。

不，我不要敬拜你。

不，我不想代表你。

不，我不想反映你的面貌。

這種情形就是聖經所說的，神「任憑我們」敬拜假神和偶像，敬拜被造物而不是造物主。

我們每次作出這樣的抉擇，都會帶來兩大惡果：一、我們不再能反映神的形象；

二、我們變得像自己所敬拜的偶像一樣。

再看殖民地那些雕像。假設因為某種原因，羅馬決定放棄一個殖民地，讓它自生自滅，那就不會再維護或清潔那裡的雕像，而是任由它們腐朽、壞掉。

當雕像被原來的主人遺棄，它們不會意識到自己已跟賦予它們存在意義的掌權者斷絕了關係。如果羅馬把幾個雕像報廢、撒手不管，這些雕像馬上就不再能代表羅馬，而會立刻變成瓦礫、一堆大理石或石頭。

當我們決定敬拜上帝以外的假神，同樣情況也發生在我們身上。我們隨即喪失人的特質，我們的人性也搖搖欲墜。作為神的形象代言人，我們是有分量的，可是當我們放棄這個任務，就變得一文不值了。我們的榮光失去顏色，神賦予我們的形象也隨之毀壞。

不過話說回來，我們並不會真的完全喪失神賦予我們的原有形象。不管你怎樣又拉又扯，都不能把神的形象從身上全部抹掉，總會留下一點殘餘的榮光。但有一個原則是無法逃掉的：我們的形象不可能變成中性，我們必然會反映另一個人或另一事物。

當天堂降臨世間，我們就反映了神的形象。但要把神拒諸門外也是很容易的，只要敬拜神以外的其他偶像就行了，就像雕像跟帝國斷絕關係，人的特性馬上從我們身上消失無蹤。

然而，我們要問一個可怕的問題：要是人的特質（也就是神的形象）從我們身上消失，我們將變成怎樣的模樣？

魯益師在小說《夢幻巴士》（*The Great Divorce*）中描寫的地獄，就代表了神的形象從人身上消失之後的情景。相對於住在天堂那些「堅實的人」，住在地獄的是「幽靈」。天堂裡的事物都有一種重量，實實在在、厚厚重重，那對於幽靈來說是難以承受的痛。地獄裡的住客彼此都分隔千里之遠，因為地獄的存在又飄忽又空洞，就像輕飄飄的幽靈一樣。天堂的質感則是結實而規模宏大，裡面的物體都有一種分量感，像是專門為所在地點而打造。

地獄的住客要是想去天堂走走，即使是普通的草坪，那一根根緊實而形狀分明的草，都讓他們難以踏足其上。他們痛苦難熬，因為已喪失了人的本性。他們敬拜自己或其他偶像，所以原被賦予的人的特質（帶著神的形象）就被剝奪。如魯益師所說的：「影子的腳在現實中寸步難行。」[1]他們不再具備神的形象、不再帶有光榮的質感，他們談不上是人，也談不上什麼形象。

這就是敬拜偶像的結果。這是跟邪惡攜手，把人性抹掉，跪拜神以外的事物。活在

1 C. S. Lewis, *The Great Divorce* (1945; repr., San Francisco: HarperOne, 2009), 39.

世上卻拒絕帶著神的形象，然而正是神的形象讓我們成為真正的人，所以，如果我們決定如此，最終神只能讓路，任由我們到地獄去。

接著而來的就是第二個惡果：當我們的生命軌跡繞著運轉的不再是神的形象，而由其他偶像取而代之，我們就會變成那個偶像的模樣。

我們要不是敬拜神而看似神的形象，就是敬拜其他偶像而變成它們的模樣。比方說，當棒球就是我的生命，在很微妙（然而也確鑿無疑）的意義上，我這個人是由棒球場上的統計數字界定的。棒球是建基於統計的運動，我的身分也因此由那些統計數字來界定。不管我在球場上表現如何優異，都不能成為真正的人。我的價值就看當天球場上的表現：表現差勁就一文不值，表現良好就身價飆升。

我早年的另一個偶像是性愛。從色情中尋求滿足，隨之而來的是絕望。從我收到的多不勝數的談到色情問題的電郵，我知道我不是唯一陷入絕望的人。

我們也許自稱為基督徒、回教徒或佛教徒，我卻認為，世上最多人信仰的宗教是性愛滿足感。在我們這個社會，性愛深入人心，令人上癮，也令人盲目。

不相信嗎？看看這些數據：

- 色情電郵每天多達二十五億封
- 搜尋引擎四分之一的搜尋項目跟色情有關
- 「性愛」（Sex）和「色情」（porn）是十八歲以下少年的五大搜尋項目之一
- 色情內容占所有網路下載量的百分之三十五。[2]

性愛也是神祇。像任何神祇一樣，你敬拜它，就變得像它。

順帶一提，關於這方面的認知已有三千年歷史，聖經裡說：「造它的要和它一樣。凡靠它的也要如此。」[3]

你看見什麼，就變得像什麼。你崇拜什麼，就變成什麼。你的視線轉向什麼東西，屬於你自我的一部分就被它抹掉，然後所有東西都沾上偶像的色彩。

今天很多男人，沒看到女性具備神的形象，沒看到她們的固有價值，只把她們看作性愛目標。他們把女性「非人化」，因為他們自欺欺人，在電腦螢幕前耗費時間滿足自己的幻想。女性的存在只為滿足他們的欲望。他們卻不知道，當他們把一個女孩「非人

---

2 XXXChurch, "Stats," http://www.xxxchurch.com/extras/pornographystatistics.html.

3 〈詩篇〉115章8節。

化」，也令自己變得空洞化。他們的人性開始朽壞，自己也變成一個別人眼中的目標。他們侵蝕了自己的尊嚴與美善，抹掉神的形象的殘餘光輝，變成被擺布或消費的對象。

當你崇拜性愛，就看不到人，只看見性愛目標。
當你崇拜金錢，就看不到人，只看見交易。
當你崇拜權力，就看不到人，只看見指使的對象。

到頭來，你變成了你看見的這些東西。

我們崇拜的對象

當我在非基督教大學念書，耶穌在我的朋友圈子裡頗具吸引力。他們愛聽耶穌的恩典，對耶穌的一些教誨也沒有表示疑慮，可是當他們知道耶穌要求追隨者付出一切，往往會覺得難以接受。

當他們讀到聖經中說，耶穌要求追隨者放棄一切、拋開原來的知識，他們會心生反彈與質疑：

「他憑什麼？」

「他以為自己是誰？」

因為他們認為，耶穌無權要求他們付出一切，把他們整個人生、所有欲望和激情，都放在耶穌腳下。

我一直無法理解，為什麼他們只對耶穌這個要求表示不滿。要我們付出一切的並不只有耶穌，事實上，你說有什麼是不要求我們付出一切的？

每個都要求你奉上一生，獻上一切，付出你最後一點一滴的忠誠。

權力是這樣，性愛滿足感也是這樣，還有運動成就、你的另一半、你的工作。耶穌在這方面一點也不獨特。但他的獨特之處，在於他自己首先放棄了一切。其他所有要求我們獻身的事物，卻是用威嚇、用虛假的承諾來迫使我們如其所願。

唯獨耶穌，為了你而全身獻上，然後才要求你這樣做。他鍥而不捨，不惜一死，放棄一切，只為了召喚我們到他身邊。沒有威逼，沒有利誘。他的愛如此偉大，迫使我們也把人生獻上——當我們了解他為我們作的犧牲有多大，這是唯一恰當的回應。

在〈詩篇〉第一一五篇，上帝提出了對於偶像崇拜的邏輯結論：「他們的偶像，是金的銀的，是人手所造的。有口卻不能言。」4

上帝甚至指出，當我們向偶像求救，它們救不了我們。它們是死的。偶像的矛盾在於，它的權力是敬拜者賦予的，它的生命是我們賦予的，這一點和耶穌截然不同。酒要成為神，只能夠是我們讓它成為神。金錢也只有在我們崇拜它的時候，才化身為神。但不管我們怎麼做，耶穌都是王，都是主。

耶穌是值得我獻上生命的。

有些人敬拜偶像，自己卻沒有發現。他們取笑《舊約》中的偶像，彷彿自己更通達，從來不會做那麼愚昧的事，可是他們沒有察覺，自己的所作所為跟那些崇拜偶像的人沒有不同，只是偶像穿的衣服不一樣。

你那瓶酒上次讓你心滿意足是什麼時候？它上次寬恕你是什麼時候？還有它什麼時候給你喜樂、全心愛你？它沒辦法這樣做。它是我們的手造出來的。

很多人不曉得，偶像可以為惡，也可以為善。在好的方面，它能對人際關係和工作帶來幫助。問題是，即使是好事也可能成為「取代神」的事。

譬如愛情，年輕人尤其容易讓生命軌跡繞著情人旋轉。然而一旦感情生變，我們的滿足感、價值和身分，便會隨著那個人的抽身而全部失去。

上帝反對偶像，是因為我們如果能將生活各方面處理得恰如其分，便能最好地與神、與生命中一切事物和諧相處。如果我們把另一人變成偶像，最終會因為對方而把自己的生命搾乾。只有一個人能維持著神的身分，那就是耶穌。

如果我們敬拜耶穌，對情人或伴侶的愛便能提升到更高層次，因為我們生命的重心不再是由對方界定。如果對方令我們失望，我們不會每次都受到打擊，而是可以向對方拿出愛、恩典和寬恕，因為我們的自我價值來自上帝。

遇上所愛之人過世，也是一個難題。我曾聽到一位牧師說，要是他的妻子過世，他肯定悲傷不已、大受打擊，連走到棺材前瞻仰也做不到，「她是我的神，」他說：「我的神死了。」把自己的支撐點建立在耶穌身上，是克服這個難題的唯一出路。

偶像是會變的，不管那是人，還是酒、性愛……諸如此類，都是麻木不仁的「神」。對我來說，棒球就是一個搖擺不定的神。我的打擊成績起起落落，有表現好的時候，也有差勁的時候。表現不濟時我的心情便慘不忍睹，表現理想時就整個人飄飄然。這聽起來跟古代那些情緒兩極化的神十分相似，信眾經常擔心他們發怒。可是上帝穩固不移，永遠寬恕我們、愛我們，恆久不變。

4 〈詩篇〉115章4–5節。

偶像的一大特徵，就是令我們盲目依附著它，這種傾向十分普遍。

偶像的吸引力和力量就在這裡，我們通常不曉得自己有個偶像，除非它被攻擊或奪走。要找出自己是否有一個偶像，最容易的做法是捅它一下。如果那是個偶像，就會齜牙咧嘴，向你吠起來。它們總是這樣。

可是耶穌用不著保護自己。他永遠不會保護自己，而是把自己當作祭品獻上，而當眾人都認為邪惡將獲勝時，他一舉把邪惡擊潰！

英國著名牧者司布真（Charles Spurgeon）說得最好：「福音是關在籠裡的一隻獅子。牠不需要保護，只要把牠從籠裡放出來。」耶穌的奧秘就像〈啟示錄〉第五章所說的，一位長老稱耶穌為「猶大支派中的獅子」，但〈啟示錄〉作者約翰所看見的卻是一隻被宰殺的羔羊。原來耶穌這強而有力、最終獲勝的獅子，是透過羔羊被宰殺的行動贏得勝利。

但願我們就像〈啟示錄〉圍著王座的被造之物，敬拜那羔羊並高唱讚歌：「但願頌讚、尊貴、榮耀、權勢，都歸給坐寶座的和羔羊，直到永永遠遠。」[5]

5 〈啟示錄〉5章13節。

第七章

神的國度跟你想的不一樣

不是遠在天邊，而是近在眼前

The Kingdom's Not Where You Think

神的兒子。

萬王之王。

萬君之君。

這是兩千年前一個人物的稱號。他甚至被奉為救世主，大家期待他為世界帶來和平。他兼具神性與人性，甚至有人主張制訂曆法應該以他為中心。問題是，他和他的王國，已經煙消雲散。

他是誰？羅馬的奧古斯都（Augustus）大帝是也。

剛才你心裡想的，是不是另一個人？[1]

在公元一世紀，承諾要為這個世界帶來和平、秩序和安定的人到處都是，事實上卻只有羅馬帝王凱撒有權力實現這些理想。所以你可以想像，當耶穌宣稱他是君王，那是多麼革命性、爆炸性的一件事。但他也因此犯了大忌，因為如果他是王，就暗示凱撒不是王了。

另一方面，公元一世紀的人就是喜歡談論有關君王的事，這些說法在《新約》也隨處可見，大家早就見怪不怪。

我們讀福音書時，有一點也很值得注意：當時使徒佈道的重點，跟我們今天的佈道不大相同。我們向別人介紹耶穌往往是說：「接納耶穌進入你心裡，死後就可以上天堂。」今天這種勸誘式的福音佈道，每個星期日都在很多人耳邊響起，在公元一世紀卻恐怕不大聽得到。

因此，我以前讀〈使徒行傳〉（宗徒大事錄）時，就十分納悶：這章經文所講的，主要是緊接耶穌復活之後的熱切宣教行動，可是你完全看不到勸誘式福音。〈使徒行傳〉中所有八次長篇講道，根本沒提到永生！著眼點全在**眼前這一刻**。使徒要說的是，耶穌是這個世界新的君王，我們要因應調適，過新的生活。

如果他們當時佈道的是現代版福音，倒也沒什麼問題。想像一下你搭上時光機（「回到未來」再次出場！）回到兩千年前，在別人面前大談我們現代版的福音，沒人會認為有哪裡不妥。你對當時的人說，只要接納耶穌，死後就能上天堂，他們也許就說：「太棒了！我們樂意這樣做。老兄，這是公元一世紀，我們活在寬宏大量的時代。」

聽說死後會到更好的地方，別人應該不會覺得有什麼好疑慮的吧？請求別人讓耶穌進入內心，也不會惹來殺身之禍吧？

---

1 我曾在好幾處地方讀到這種想法，記憶最深刻的是麥可．希達哥（Michael Hidalgo）的《尋找就尋見》（*Unlost*）一書，書中提到凱撒的很多稱號可以挪給耶穌用。

可是，當時耶穌的追隨者卻被嘲笑、監禁、毒打，很多甚至被殘殺。為什麼？

那既然是一個寬宏大量的社會，為什麼耶穌的追隨者被視為國家公敵，被拿去餵獅子、慘遭追殺，一定要置之死地而後快？

招來殺機的，是這幾個字：**耶穌是主**。

世上最好的消息

活在二十一世紀現代社會的我們，尤其難以理解個中原因。我們一天到晚都在抱怨政府和政治領袖多差勁，這根本算不上什麼大事，這再正常不過，也是聰明之舉——表示我們不會像機器人那樣盲目服從領袖。可是古羅馬並不是共和國（應該說古代世界一般而言都不是），它在獨裁統治之下，大家要臣服於最高權力。你不服從，就會被毒打、施以酷刑或殺害；褻瀆就是叛國。

因此，當你在《新約》讀到這一句「耶穌是主」，不要只想到這句話用在基督徒的書籤上真的太棒了！借用我媽愛用的一個詞語——「挑釁」——沒錯，這是挑釁的話。因為任何時候你說「耶穌是主」，無異在說：

「凱撒不是王。」

「古羅馬的朱比特不是眾神之王。」

又或：「金錢、性愛、權力不是操控我們的主宰。」

公元一世紀有一小群人到處跟人說耶穌是君主，說他君臨一切、統治一切，還說其他任何說法都不符事實。你可以想像這種主張在當時多危險！

他們說，這個世界只有一位神，沒有許多的神。他們說，耶穌是主，這就是好消息，就是福音。

更具體的說，閱讀《新約》，我們可以看到早期教會帶出兩個訊息：

一、耶穌是主；以及

二、天國近了。〈馬太福音〉描述耶穌在沙漠受到引誘後，接著便引述耶穌說：「天國近了，你們應當悔改。」[2]

當然，耶穌傳道不是只說了這句話，但馬太表明，這是耶穌的一個主要訊息：天國

2 〈馬太福音〉4章17節。

近了。

王國是由君主統治的，君主君臨萬民之上，施展權力，而神的國也一樣。耶穌說，神的國（神君臨統治的國度）已經降臨耶穌身上。耶穌就是以色列的王，他前來探視人民，君臨以色列人，建立統治，實現神的應許。

我在成長過程中，總是認為我們的希望就在於蒙主帶離塵世，有一天被領到天上，離開這個齷齪邪惡的世界。可是神對我們說的第一句話，卻是說祂要修復世界。神不是要我們離開這個世界，反過來，祂要親身降臨人世、與我們同住，祂要君臨一切，我們的財務、學業、性愛、工作……無一不在祂統治之下。

我最愛的其中一部電影是「雷神索爾」（Thor）。索爾是來自另一星球的神祇，力大無窮，手執雷霆戰鎚。在兩部雷神電影中，索爾都反覆做一個動作。他作戰時跳到半空，舉起戰鎚，往地上重擊。鎚子的重量加上他猛力一擊，一個巨坑就在地面爆開，震撼力像波浪擴散，所經之處幾乎所有人都應聲倒下。

我也喜歡這樣想像神的國度。很多時候我們以為這個國度是空靈境界，其實它即使在平和狀態，也有重量和力道。耶穌的恩典、憐憫和愛是沉甸甸的。當耶穌透過死亡和復活把這一切釋放出來，就像往外擴散的波浪。就像上帝說：「我掌管一切，我的權能一湧而至。」波浪所過之處，所有人都被神的愛、恩典和治癒大能所覆蓋。

神的國強而有力。

〈馬太福音〉第八章的一個故事談到一位痲瘋病人，他前來跪拜耶穌，說：「主若肯，必能叫我潔淨了。」在《舊約》時代，痲瘋是駭人的皮膚病，患者嚴重地被邊緣化，被社會遺棄。大部分人認為患者一定是做了錯事或激怒了神，才會罹患這種惡疾。

很遺憾的是，有些時候教會沒有好好展現神的國度的包容胸襟。我曾去過歐洲一些教堂，建築物外面有一英寸寬的狹縫，讓社會低下階層、邊緣人或「不潔淨」的人，可以窺看裡面的敬拜活動，不用走進去，以免有什麼疾病傳染開來。

但〈馬太福音〉第八章令人驚奇的是，耶穌伸手**觸摸**這個人。那是個痲瘋病人！任何猶太人都知道，根據祭司所說，伸手觸摸的人，在禮儀上就變成不潔的人了。

但耶穌這位拉比，卻伸出手去觸摸。一瞬之間，世上及史上最潔淨的人自願與不潔的人接觸。你猜猜接下來怎麼樣？耶穌得勝了！經文說，耶穌一摸，「他的大痲瘋立刻就潔淨了」。[3]

這是非常令人匪夷所思的，因為在這一刻之前，總是不潔淨的人對潔淨的人造成影

3 〈馬太福音〉8章3節。

響。潔淨的人反過來「感染」不潔的人，這是頭一遭。耶穌的力量、能量與聖潔，從他身上擴散開來，進入任何一個跟他接觸的人內心。這就是神的國度。它釋放能量，神的權能透過世間被造物迸發而出，進入新的天地。

這就是聖經宣布的好消息：當你踏進神的國度，在祂的權能之下，一切就改變過來。有些人認為基督宗教是這樣的：接受與不接受隨你的便。你可以接受耶穌，也可以不接受他，認為這種選擇實際上不會帶來什麼改變。可是當你了解「耶穌是主」這句話的力量，你就曉得，怎樣回應神的王國的呼召，不是隨你的便，而是至為重要的一件事。而作為王國子民，我們走到哪裡，王權都如影隨形跟著我們。

我們要時刻提醒自己：我們的君主是誰？我們有沒有向其他人跪拜？

想像這是公元一世紀，你住在一個快要成為羅馬帝國殖民地的地方。按照慣例，帝國會派遣先頭部隊前來，帶著一卷密令，進城後便宣讀凱撒的詔令：「茲宣布本城納入凱撒治下，新政府權力握於凱撒手中。」

前來宣詔的人不大可能說：「好吧，各位，凱撒是新的君主，不過老實說，你不用因為這樣而在生活上做些什麼調整。接受與不接受隨你的便。如果你接受凱撒做你的君主，可以下週來參加一個非正式會議，我們會告訴你怎麼做。」

我們知道這是可笑的，因為君主的行事方式不是這樣。**不管**新殖民地人民反應如何，凱撒就是君主——他們要麼向事實屈服，要麼就是成為叛亂分子。

耶穌的宣言基本上跟凱撒的一樣，但更勝一籌，因為那是真確無疑的。耶穌是主——這是世上最好的消息，我們要麼接受這個真理，要麼就是成為叛亂分子。只不過不服從的話，我們不是被殺，而是錯失良機、人生損失慘重，因為我們不曉得自己所反叛的，其實是認識真愛的能力。

耶穌為仇敵而死，透過復活讓神的新世界運轉起來——他就是愛（就像〈約翰一書〉〈若望一書〉所說：「神就是愛」）。這表示，如果我們說「不」，就等於是個反叛者；但我們不曉得，我們反叛的其實是生命中許多重要的事物。

對愛說「不」，
對成為一個真正的人說「不」，
對美好的前程說「不」，
對神的王國的一切美與恩典與寬恕說「不」。

這就像陷入饑荒的人對麵包說「不」，只因為不想接受他人的「施捨」。

反之，如果我們接納「天國近了」的美妙呼召，新的旅程就此展開。在接受耶穌為王的一刻，我們自身的王國就跟耶穌的王國拼到了一起。

名分≠身分

念大學時，我經常熬夜到凌晨三點，上課時累得要死，午間才補睡過來。我的宿舍房間還算整齊，卻不一定很乾淨。我的意思是說，我喜歡讓各樣東西放在適當位置，卻不會刻意把它們好好清潔一番。大學生活就是率性而為，以自己的方式做事，按著自己的節奏和模式組織生活。

我和艾莉莎結婚後，一切改變過來。當我們在聖壇前成婚，我們各自的王國便拼合起來。我們的生活範圍、自處之道，都要重新組織編排。我們要從頭開始，圍繞著夫妻身分，重新探索方向和軌跡。

問題是，這一點也不容易。事實上你很快就會曉得，結婚之後你的王國還剩下多少空間。

你認為自己不自私嗎？
你認為自己不欠缺耐性嗎？
你認為自己「能屈能伸」嗎？

沒錯，我一直這樣認為——直到結婚之後。對了，如果你還沒有結婚，就在婚後第二天等著瞧吧，到時你就會為了垃圾丟哪裡、衛生紙要捲哪個方向……一堆諸如此類的事吵個沒完。

艾莉莎和我在學習新的生活方式。法律上結為夫婦，並不是我們的目標，這只是名分。真正的婚姻，是兩個人的生命一點一滴、一刻一刻互相嚙合、拼到一起，直到兩人成為一體。

然而，很多基督徒滿足於只有名分。當我們與耶穌建立關係，就成為基督徒。我們獲得這個名分和身分，就像結婚時艾莉莎和我成為夫妻。

在那不久之後，我就體會到自己多麼自私，我的刻薄言辭多麼傷人的心，我在領袖或僕人崗位上態度多麼散漫。只有當我自身的王國跟另一人的王國拼合起來，或碰上一種新的生活方式，我才曉得之前自己的王國多差勁。

比方有一種情況艾莉莎很快向我揭露：我有時非常好辯。但艾莉莎溫馨地提醒我，讓我逐漸體會到，當我自願樂意聆聽，更歡愉、更暢順的人生就會隨之而來。是她和藹、溫柔地不斷告訴我，我才終於看到自己這個部分。如果我認為結婚就是終點，而不是新的開始，我就永遠不會讓自己改變過來。

很多人認為，當我們開始追隨耶穌，那就是終點了。如果是這樣，這人要的只是「婚禮」，而不是「婚姻」。

事實上，接納耶穌只是開端。就像在婚姻裡，我們要進入新的軌跡、新的方向，在神的看照下，依神的方式行事。

人生在世，不是為了死後上天堂，而是為了**讓天國在人間實現**，體現在我們與神、與他人、與自我的關係的每一層面中。基督徒的人生就是不斷追問自己：要怎麼做，才能讓耶穌和福音的真諦，成為人生每一層面的真諦？

任何一個王國都有一位國王、一眾國民，以及管控生活方式的制度。很多時候我們具備前兩者，卻不曉得最後的元素不可或缺。我們接納耶穌做救主，成為他王國的國民，卻沒有體會到，要真的成為國民，我們的生活必須納入耶穌的統治。

以色列人三者都俱備了：上帝是王，以色列人是國民，律法書是生活方式。我們應該察覺到，這正是〈馬太福音〉嘗試指出的「登山寶訓」的意義：耶穌把律法書吸收到自己身上，然後來個乾坤大挪移，使它變成新的生活方式、新的做人之道。這是摩西和律法書的二・〇版本。

耶穌不光像摩西一樣登山，更提出了整部〈馬太福音〉中五大重量級訓示的首項訓示。〈馬太福音〉讀下去就可以看到，這五大訓示顯然要跟聖經首五卷經文〈摩西五經〉相提並論，清楚地表明耶穌就是**新的**〈摩西五經〉。

耶穌不是要廢除舊的〈摩西五經〉，
而是要實踐它、重塑它，
進入更深的層次。

耶穌語出驚人地表示，誰追隨他，就是新的以色列子民（亞伯拉罕的孩子）；他的教誨，就是界定國民身分的管治權力或結構。

幾年前我在烏干達待過，還記得我當時馬上就察覺，自己跟當地人一下子就被區別開來。當然，我的膚色是一大因素，但我的生活方式也不可忽視。比方說，我們住進一所孤兒院，跟那裡的職員和本地工人一起參加教會敬拜，他們很容易就能辨認出誰是本地人、誰是「白人」（Mzungu，通常指美國人），只要看看在敬拜中跳不跳舞就知道了——他們會跳舞、鼓掌、叫喊，身為西方人的我們卻比較拘謹。

然而，同樣是西方人，我置身其他西方國家時，也覺得自己與他們截然不同。艾莉莎和我幾年前到歐洲去，在吃完一頓晚飯後，我記得我們坐在餐桌旁等帳單送來等了不知多久。我想，這家餐廳的服務太差勁了，打算少給小費，但這時有人告訴我，在歐洲，服務生在客人沒要求時就把帳單送來，是不禮貌的做法。從我們的行事作風和想法，就清楚可見我們是美國人。

有些標誌和事物，把我們跟別的族群區別開來。我們的文化和公民身分，使我們跟當地人不一樣。

所謂置身王國之中，就是這個意思。我們要讓整個生活納入神的統治，像新造的人那樣過活，這些新人類社群，預示著萬物修復的未來世界。

我們應該多多思考：什麼事物把我們這些神的子民跟別的族群區別開來？神的國度的憲章有些什麼內容？我們要改變什麼，才能成為神的國度身分完整的國民？

最卑微的榮登上座

一個星期日下午，在我和一個青年小組談話後，一位年輕牧師和他的妻子邀請我們在敬拜後一起吃午飯，但我很快婉拒了。艾莉莎瞄了我一眼，像是說：為什麼不能跟他們吃午飯？我實在提不出什麼好原因，唯一能說出來的原因就是，艾莉沙和我計畫好當天要去野餐。

背後的真相是，我準備在幾小時後向她求婚。

我還記得那一刻。我找了兩位好友比我早一步到預定地點——那是望向普吉特灣（Puget Sound）的一小片很棒的隱蔽海灘。兩人幾小時前就到那裡把一切準備妥當。我把我和艾莉莎交往以來拍過的照片全印了出來，請其中一人把它們貼在迎向海灘的籬笆上，再加上玫瑰花瓣和蠟燭；另一人則架起幾台攝影機（我是YouTube網站愛用者，什麼都想拍成影片記錄下來）。我覺得自己像個情報局特工，我甚至全程把一個麥克風貼在襯衫裡面。

這個大布局全在我心裡，可是當重要的那一刻來臨，我卻狼狽不堪。滿腦子要說的話，我一句也說不出來。我相信這是我這輩子唯一一次不知所云，結結巴巴說出一堆連我都不肯定是不是英語的句子。

我做的其中一件事，就是念了幾年前寫的一篇日記，題為〈給我未來的妻子〉，並向艾莉莎表明，我相信那個人就是她。然後我拿出一個裝著熱水的保溫瓶和一個盆子，給她洗腳。

這聽起來很甜蜜，但老實說情況相當尷尬。我就這樣直接拿毛巾擦她的腳嗎？我有擦進每個縫隙，確保每個地方完全乾淨嗎？這會不會讓她以為，給她洗腳是表示她的腳很髒，需要清潔一番？

事實上，我替她洗腳時告訴她，我要這個動作成為我倆關係的象徵。

我要服事她，

我要愛她，

我要珍惜她。

這是我不會忘記的一刻。可是我沒有經常信守承諾。我有時顯得自私、不耐煩、沒有愛心，我要一再給她洗腳，服事她，表示愛她。

從實際作用上來說，洗腳在公元一世紀的巴勒斯坦地區有意義得多，因為當時大家通常都穿涼鞋，雙腳會沾上大街小巷散布的塵土，變得髒髒的。

由於洗腳的特殊性質，特別是在猶太文化裡這代表從日常到儀式上的潔淨，甚至連猶太人的奴隸也不會沾手。大部分有地位的猶太人會讓一個奴隸在門前為你解開涼鞋的帶子，但通常是留待客人用主人提供的水來洗淨自己的腳。

因此可以想像，耶穌在〈約翰福音〉第十三章所做的事多麼卑下而丟臉。耶穌在生命即將結束之際，跟門徒一起吃飯，接著他脫掉外衣，把一條毛巾綁在腰間，把水倒進盆子裡，為門徒洗腳。[4]

這就像一次長途跋涉的登山遠足後，美國總統脫下西裝，跪下親手為你洗腳。這是怪異而且可說是不恰當的。我們的反應可能會像門徒彼得（伯多祿）一樣，拒絕接受。

但耶穌堅持這麼做。他甚至告訴彼得，如果不讓他洗腳，他們就再也沒有師徒名分了。洗過了腳後，耶穌說：「僕人不能大於主人，差人也不能大於差他的人。」[5]

我相信在今天，「為別人洗腳」所隱含的震撼意義，不下於二千年前，因此，我們不

4 〈約翰福音〉13章4–5節。
5 〈約翰福音〉13章12–20節。

應該害怕經常為朋友或仇敵洗腳；當我們要挑動或觸發別人對耶穌產生好奇，也可以給他們洗腳。我同時認為所謂的洗腳，不一定只有實際的動作才算，也可以是一種隱喻。

基本上，洗腳的含意就是服事他人，身處最卑微的地位，做其他人不做的事。耶穌清楚表明，天國的運作和對權力的看法，跟人世間不一樣。他說，「有權勢」的人是僕人——把自己置於最微末地位的人。

婚後每天我都面對挑戰，想要把這個道理活出來。之前的二十三年，我對人生的想法和看待各種事情的出發點，都是我優先要做的事、我自己的目標，以及我人生中的其他任務。可是耶穌說了很奇怪的事：我們若要獲得生命和喜樂，首先就要失掉它們——我們要懂得**放棄**。有些時刻（我希望有更多這樣的時刻）當我坐下來靠著耶穌休息，就能轉過身去服事艾莉莎。

有很長一段時間，我們夫妻倆為了整理床鋪而爭辯不休。對艾莉莎來說，那是啟動一天的動作，可以讓那天感覺順暢，給那天帶來喜悅和踏實的心情。但對我來說，那卻是可笑的，因為那表示我這輩子以後每二十四小時就要受難一次，做一些我明知會搞得一塌糊塗的事。

但最後我決定把爭辯擱置一旁，只管服事艾莉莎就好。儘管這是小事一樁，我卻在這件事裡領悟到耶穌說的是什麼。一種奇異的喜悅開始浮現。我整理好床鋪後，也承認它看來很不錯，更重要的是，它對艾莉莎起了作用。她感到被愛、受到珍惜與尊重。它創造了我們夫妻關係的精神和動力，使我們感到充實、喜悅，讓我們走得更近。

它甚至在我們婚姻中創造出舞蹈般的節奏，我們在相親相愛之中共舞，互相服事。如果你曾經站在這個人生崗位上，你就知道我們正是為了活在這個崗位上而誕生。這就是天國。

你今天或明天能做些什麼來服事他人，從而把天國的旗幟升起來？我認為做一些平常少見的事特別具有震撼力，能讓別人瞬間擺脫既有的世界觀，馬上來追問你「為什麼」。我們在別人面前談到耶穌已經談得夠多了，如果我們換成給更多人洗腳，就會吸引更多人追隨耶穌。

試著想一想，你能用什麼具創意的做法來服事同儕或朋友？如果你在念大學，或許可以在宿舍敲敲別人的門，問問能不能幫他們洗衣服。這聽起來有點荒謬，但你可以想像你如果這樣問，對方會怎麼想、會有什麼感覺。那一刻可能會留在他們記憶中多年，而你也許只花二十分鐘而已（好心提醒：如果是一年級生的衣服，你替他們洗衣服時可能要戴上防毒面具）。

耶穌和天國最了不起的地方，就在於**創造性**。耶穌把唾液吐在泥土上，捏一下，再塗到瞎子的眼睛上，那人就看見了。

耶穌告訴彼得：「往那條魚的嘴巴裡看看，裡面有錢喔。」

不要害怕用別具創意的方法服事他人，因為那樣可以更深刻地向人顯示耶穌的形象，人們被引發了興趣，就會進一步探索耶穌的奧秘。

刀劍還是十字架

耶穌的王國與羅馬帝國大異其趣的一點，在於耶穌認為無私的愛可以克敵制勝，羅馬帝國則認為，把敵人殺掉就行了。

閱讀《舊約》，很難不認為美國像羅馬帝國遠多於像耶穌的王國。我同意聖公會的懷特牧師（N.T. Wright）所說的：「神要改變世界，用不著派出坦克車。他只要派遣溫順的人、悲傷的人、渴慕神的公義的人、維護和平的人……諸如此類的人就可以了。」6

你知道嗎？美國國防部的軍事開支，比所有五十州花在醫療、教育、社會福利和安全的經費加起來還要多。在軍事開支國家排行榜上，美國不但是第一名，花費還比緊接著的十五國加總起來還要多。7

如果我們要發光照亮他人，就要從歷史學習。從歷史很容易看到，以為殺人就能得償所願的帝國，已不復存在；而相信能藉著愛改變世人的基督王國，則依然健在，而且還在成長。

或許有人說：「可是，耶穌當時那個世界，跟我們現在很不一樣。」我會這樣回應：「你說的對，那時的世界比我們現在糟糕多了。」

耶穌在世的時代，猶太人剛結束了五百年流亡生涯，回到自己的土地。可是在先前那幾百年裡，除了大約二十五年——簡直像雷達螢幕上偶爾亮起的光點那麼少——他們都在波斯、希臘或羅馬等帝國的統治之下。對他們來說，這表示一定有哪裡出了問題，因為神應許在以色列建立祂的統治，而且會有突破性的新作為。如果波斯的居魯士大帝、希臘的亞歷山大大帝或羅馬的凱撒大帝還統治著猶太人的新土地，就表示神的應許還沒有實現。

6 N. T. Wright, Simply Jesus: *A New Vision of Who He Was, What He Did, and Why He Matters* (New York: HarperCollins, 2011), 218.

7 Ujala Sehgal and Robert Johnson, "15 Facts About Military Spending that Will Blow Your Mind," *Business Insider*, October 14, 2011, –http://www.businessinsider.com/military-spending-budget-defense-cuts-2011–10?op=1.

猶太人焦急地等待領袖出現，來實現先知書裡讀到的願景：擊潰敵人，打敗占領者，重新把獨立自主的以色列王國建立起來。

神到底要等到什麼時候，才要為以色列人和信靠神的人建立祂的王國？以色列人幾乎完全不能意識到，上帝就快要這樣做了，只是祂的做法跟所有人期待的截然不同。

你猜對了，很多人以為那將透過武力來實現。在《舊約》裡就是這樣，二百年前猶大．馬加比（瑪加伯）就嘗試這樣做。因為一般人相信這是趕走外族占領者的唯一辦法。可是耶穌徹底反對武力。事實上在福音書裡，每次耶穌的追隨者遇上殺死敵人就能解決的問題，耶穌都斷然譴責這種做法。

- 當彼得為了保護耶穌割掉另一人的耳朵，耶穌嚴厲地責罵他。
- 當耶穌以勝利姿態進入耶路撒冷，他卻哭了，因為耶路撒冷不知道「關係平安的事」。8
- 當耶穌被捕，送上羅馬的刑具，他就再沒有抵抗。
- 當兩個門徒請求耶穌，在新的王國裡，讓他們分別坐在耶穌左右兩旁（他們以為耶穌會以武力奪回聖殿，建立地上的統治），耶穌就說，他們顯然不曉得自己在要求什麼。

我們可以清楚地看到，耶穌贏得了民心，吸引到一大群人。由此清楚可見，民眾認為神要擊潰羅馬人並把以色列永久建立起來的應許，將在耶穌身上實現，因此耶穌能很快抓住眾人的心。

耶穌在〈馬太福音〉第一次講道中，把他的意圖和盤托出，那就是有名的「登山寶訓」。我們前面談到，〈馬太福音〉記載的這次講道，不光是強有力的教誨，而且告訴人們：「這是新的〈摩西五經〉！這是新的律法！這是耶穌對追隨者的宣言！」這不光是可以印在咖啡杯上的美好座右銘，更是我們這些自認為耶穌追隨者的人要履行的責任。

耶穌明確針對《舊約》的處事方式提出異議：

你們曾聽說「當愛你的鄰舍，恨你的仇敵」。

可是我說的是：要愛你們的仇敵，為那逼迫你們的禱告，

8 〈路加福音〉19章42節。

這樣你們就可以作你們天父的兒子。9

耶穌的意思是說：「我曉得你們以前聽過某種講法，我曉得你們認為那是對的。但如果你要參與翻轉世界秩序的這個運動，並住在我的王國裡，你就要愛你的仇敵。」他甚至說，如果有人打你這邊的臉，連那邊的臉也由他打；有人奪你的外衣，連裡衣也由他拿去。

愛與暴力

要真的體會到這種說法對公元一世紀的人來說有多麼危險，就想想你記憶中對「九一一事件」的感覺是怎樣好了。那種震撼、痛苦、悲慟、憤怒是怎樣的？再想像一下，如果遭攻擊的不光是世界貿易中心大樓，還有白宮——我們這個國家的根本象徵？

再想像一下，如果策動「九一一事件」的人曾在上世紀統治美國，之前又有其他帝國統治美國。想像我們被禁止從事美國人引以自豪的事，也就是民主被摧毀，資本主義和創業精神遭譴責，人民沒有自由可言。10

你面對迫害，你的兄弟姊妹、你的家人被殺害而無從追究，還有其他暴虐情況令生活惶恐不堪。每個人，不論內心相信什麼，都要聲稱效忠真主阿拉。[11] 沒有憲法中所保障的我們引以為傲的宗教自由。如果有人違抗規範，就會被殺或被監禁。

你的反應會怎樣？最可能的是（尤其是如果你要活出真的美國精神）你會竭盡所能地推翻占領、統治我們的勢力。我們會等待並把握任何機會，擊敗占領我們國家、我們國土的邪惡勢力。奪回我們的國家，把它的美與光榮、民主與愛國精神重新建立起來。

我們的願景是重掌白宮，在它前面的草坪上升起美國國旗。可是如果我們面對現實，當我們察覺經歷了十二個世代，一切絲毫沒有改變，我們也未能把國家奪回，希望就開始變得灰暗。

然後再想像，此時一位領袖出現，對我們說：「與其奪回美國，與其策動政變，與

9 〈馬太福音〉5章43–45節。

10 大部分帝國都容許一定的自由，因為他們知道要不是這樣，就會官逼民反。羅馬帝國的文化十分多元。他們甚至接納其他神祇，前提是大家知道誰才是真的掌權控制一切。猶太人享有信仰自由，甚至可豁免於特定羅馬法規，但他們畢竟被占領者統治，比獨立自主能享有的自由少得多。凱撒的陰影時刻在他們頭上。

11 我要清楚表明，並非所有回教徒都傾向於殘忍、暴虐的獨裁統治。我認識很多信仰其他宗教而和平、和善、慈愛的朋友。但他們不曉得耶穌是人生以至於全世界的主宰，我著實為他們難過。這裡我只是嘗試以最貼切的比喻把二十一世紀的美國文化跟公元一世紀的景況區別開來。

其擊倒敵人，倒不如愛我們的敵人，寬恕他們，給他們洗腳，祝福他們，有必要的話為他們犧牲——即使他們殺害你的家人和朋友，把你整個人生變成惡夢。」

這已經不只是令人感到冒犯了，更可能會令很多人深感憤怒。難道這位領袖沒看到統治者給我們帶來的悲痛、苦楚、哀傷和壓迫？接著讓我們想像一下，這位領袖所說的一切終於激發強烈的負面反應，於是他被逮捕，全國人民在鏡頭前看著他在時報廣場慘受酷刑，最終他被處決吊死。

希望破滅了，這位我們寄望把國家奪回的領袖給公開處決了，表示他失敗了。他的計畫顯然行不通。可是幾星期之後，奇怪的事發生了。一小群人聲稱，那位領袖幾天後起死回生，而他被殺那一刻發生的事，很離奇而又很神秘地，為所有人的苦難提供了答案，把整個世界拯救過來、修復過來。

由上面這個比喻我們可以想見，當耶穌被釘死在十字架上，對公元一世紀住在以色列的虔誠猶太人來說是多麼可笑。那不是勝利的一刻——恰好相反！被釘死的彌賽亞救世主根本不是救世主。當羅馬人把長釘敲進他的手腕和雙腳，寄望耶穌重建以色列王國的一切希望都粉碎了。耶穌的所有追隨者都認為，過去三年的日子白白浪費了。

以色列被占領那麼長的時間，他們幾乎無法記起，在自己的土地上不受外人指揮是怎麼一回事。可是，在耶穌被釘死的一刻，愛奇妙地戰勝一切。耶穌受刑之際在十字架上說：「父啊，赦免他們，因為他們所作的，他們不曉得。」

耶穌原可以輕易擊潰對手，可以輕易召來天使兵團，對壓迫、傷害以色列的任何人大開殺戒。可是他曉得，改變世界的辦法，就是犧牲自己的生命——他也呼喚我們做同樣的事。這是重大的呼召、重大的責任，如果我們追隨耶穌，這就是他為我們開闢的路。甘願犧牲的愛、為他人付出自己的生命，是主的路，也必然是我們的路。這是最能界定耶穌王國公民的標誌之一。

就像布萊恩・贊德（Brian Zahnd）牧師說的：「最終來說，我們不能透過暴力消除仇敵——暴力只會令仇敵倍增。消除仇敵的唯一辦法，就是愛你的仇敵，寬恕他們。」[12]這不光是個很棒的概念，更是深深切中時弊，因為伊斯蘭國（ISIS）整天在新聞裡出現，在伊拉克和敘利亞部分地區施行殘酷、怪誕的暴力。他們展開震撼世人視覺的征服行動，把任何不合乎他們世界願景的事物摧毀。斬首場面在電視和網路上出現，女性遭強姦，人被當作奴隸販售。

光是讀一下這群人的一些行動，就讓我難受得病倒在床。多野蠻、怪誕、殘暴的行

12 Brian Zahnd, Beauty Will Save the World (Lake Mary, FL: Charisma House, 2012), 217.

動。當地數以十萬計的人流離失所、被傷害、遭遺棄、四處逃命。我為身處當地的弟兄姊妹痛心。

尤其令人傷痛的是，恐怕只有在新聞還持續不斷報導時，我們才會繼續關注和支持當地的人。但如果我們是耶穌的追隨者，對這種暴行的抗爭，就不該只維持兩週，而是永遠。我們用自己的生命、用自己的方法說「不」。那是不行的，神不會因此喜悅。耶穌就是神對邪惡的回應，我們對邪惡的回應也應該像耶穌一樣。

對仇敵的愛？

在整個歷史進程中，神都富有創意地抑制邪惡，帶來公義。這種做法的一個美妙象徵，就是大英博物館中的「生命樹」（Tree of Life）。那是莫三比克內戰中所用的攻擊性武器（像步槍和機關槍）由當局收回，以鏟子、縫紉機，甚至拖拉機等交換；四位戰爭倖存者把武器拆毀，拼成樹的形狀，代表生命。我們可以從中看見寬恕、新的開始，以及和平。

這是〈以賽亞書〉中宣示神之心意的完美代表：「他必在列國中施行審判，為許多國民斷定是非。他們要將刀打成犁頭，把槍打成鐮刀。這國不舉刀攻擊那國，他們也不再學習戰事。」[13]

不過較難想像的是：假如伊斯蘭國正控制著我居住的地方呢？假如那些暴行目前就發生在我們國家呢？

又假如你有能力擊敗這邪惡勢力，把它完全摧毀，揭露它的真面目——它可是這個世界或神的計畫不能容納的邪惡——那麼，你會這樣做嗎？當然會！可是讓我們再走一步看看。

我們知道，最終來說，如果伊斯蘭國的人全被殺死，另一個恐怖組織早晚會興起。那麼，假如你不僅能擊敗伊斯蘭國、還能擊敗邪惡本身，假如你可以摧毀所有邪惡背後的勢力、精神和惡念，你會這樣做嗎？你當然會。

事實上，據公元一世紀猶太地區的一位拉比說，這已經發生了。不錯，耶穌說這已經發生，就在他被羅馬人處決而三天後復活的那段日子裡。

這是我聽過最震撼、最反文化、最可笑的一件事。耶穌說他擊敗邪惡，就憑這六小時裡發生的事件，而在事件中他痛不欲生、血流如注，被掛在一根木頭上。這就是保羅

13 〈以賽亞書〉2章4節。

在〈哥林多前書〉所說、被一般人視為愚拙的十字架道理。

假如耶穌那麼說，也實現了那個歷程，問題是，我們真的信賴他，相信他走的這條路就是出路嗎？

幾千年以來，耶穌的追隨者改寫了歷史、改造了文化，留下永久的遺產，只因為他們相信那就是出路。

當他們被丟去餵獅子，他們的身體不是被咬，而是被撕開，他們卻因而散播了愛，而不是仇恨。

當彼得被釘十字架，他沒有像耶穌被捕那晚一樣，把刀拔出來；他要求倒過來釘十字架，因為他不配像主一樣的死。

我曾讀到一位基督徒的故事，他聽見衛兵到家裡來逮捕他，要把他送去處決，他便趕忙跟衛兵打招呼，問道，他們老遠前來，能不能先給他們做一頓溫暖的飯，再讓他們把自己帶走。

對仇敵的愛，改變了世界。

對仇敵的愛，開啟、改變了人心。

對仇敵的愛，令人望向耶穌。

對仇敵的愛，在神的國裡沒有討價還價的餘地。

這個話題帶出很多實際問題，這裡的篇幅無法討論，對很多問題我也不懂得如何回答。但最大的問題是：我們是否為這種大愛展開了對話？抑或我們還在掙扎？這樣付出大愛，乍看之下不是一個令人安樂、自在的概念，我們要以創意尋求解決之道。我每天都在學習，要怎麼做，才能打從內心相信耶穌知道自己做的是什麼、有什麼意義。耶穌是可信賴的，他走的路，就是我們在第四章所說的未來之路。

對一般人來說那是愚拙的，可是上帝奧妙的心卻說這就是出路，回頭看看教會的歷史，徹底的愛一再擊敗了邪惡。

奧秘在於感恩

為別人洗腳以及愛你的仇敵，不是天國子民的唯一標記。感恩也是天國子民的徽章，可以表明我們是耶穌的追隨者。

在過去很長一段日子裡，我以為如果我決志追隨上帝並做一些「大事」，祂會要我做一些徹底「屬靈」的事。我也以為，想要上帝真的喜歡我，我就要為祂做一些極不尋常的事，譬如移居非洲扶貧助弱，或懸壺濟世醫治絕症。

但是，使徒保羅在很多不同情況下說過這樣的話：「無論作什麼，或說話，或行事，都要奉主耶穌的名，藉著祂感謝父神。」14

他又向提摩太（弟茂德）說：「凡神所造的物，都是好的。若感謝著領受，就沒有一樣可棄的。都因神的道和人的祈求，成為聖潔了。」15

在另一處地方他甚至說，凡事都要謝恩。16

我相信，感恩是健康的基督徒生活的奧秘。當我們覺得自己憑一己之力掙到了什麼，就會沾沾自喜、自抬身價。但假如我們了解到，連我們肺裡的氧氣也是奇異而美妙的造物主的恩典，那麼感恩與謝意就開始在我們生活裡迸發而出。懂得感恩，喜樂隨之而來。

暢銷作家安・福斯坎（Ann Voskamp）在《一千次感謝》（*One Thousand Gifts*）一書中很美妙地談到感恩的藝術。她不斷記下要感恩的每件事，巨細靡遺，她注意到，她心中一些死結因而開解。

感恩的美妙之處，就在於我們可以隨時隨地感恩。我以為要為神做「大事」，可是當我認真閱讀《新約》，我體會到神關心的不在於我做什麼大事，而在於我以什麼態度面對**正在做的事**。我不需要為了變得更聖潔，而當牧師或神學家。當你心懷感恩，聖潔隨之而來；這可以在任何時候發生——不管是在打字、寫作、做飯，還是在走路或運動。

假如你能把握目前生活中發生的事，灌進千千萬萬的感恩，而不是一味想著要做更屬靈、更聖潔的事，那不是更好嗎？

感恩還有一種妙用：可用來判斷什麼事情該做、什麼事情該避開。假如我不能對生活中的某件事感恩，就很容易知道那可能是犯罪作惡，或不智的抉擇。

我不能因為偷到一輛車感謝神，也不能因為向朋友撒謊感謝神，因為我知道，這不是神為我們安排、給我們提供的事。如果你不能對某些事感恩，那就是一個很好的標誌：那是不該做的。

我們要經常問一個問題：**此刻天堂是什麼情況？怎樣才能令同樣情況在俗世出現？**

---

14 〈歌羅西書〉（哥羅森書）3章16–17節。

15 〈提摩太前書〉4章4–5節。

16 〈帖撒羅尼迦前書〉（得撒洛尼前書）5章18節。

我們可以從聖經裡看見，天堂離我們不遠——那是神的維度（像二維、三維空間），是一種空間。〈以賽亞書〉、福音書和〈啟示錄〉都讓我們窺見神的寶座背後的情景，我們看見敬拜和感恩。對神做過的事、正在做的事、準備做的事，我們都要感恩。我們感謝神、敬拜神的一刻，就實現了天國禱文的中心思想。

我在成長過程中，經常聽到別人念〈主禱文〉（天主經），但不知為何，每次我都覺得念的人像在參加葬禮，因為那些禱文聽起來都乾巴巴的，單調乏味。

可是，禱文中間有一段卻非常觸動我的心：

願你的國降臨。
願你的旨意行在地上，
如同行在天上。

在耶穌那個時代，猶太人說話若要表示強調，就會用兩種不同方式描述同一事物。有學者認為，禱文這部分正是如此：「願你的國降臨」、「願你的旨意行在地上」，是同一件事的兩種說法。那麼神的國要到哪裡去呢？很簡單，就看祂的旨意行在哪裡（行在地上，還是行在天上）。

同時注意，耶穌教導他的追隨者，禱告時說神的國降臨——不是離去，而是來臨。來到這裡，來到目前，來到我們中間。

然後禱文說：「……行在地上，如同行在天上」也就是在天上實現的，也會同樣在地上也會實現。

天堂沒有死亡，因此我們在地上要做一個擁有滿全生命的人。

天堂沒有怨恨，因此我們在地上要做一個寬恕別人的人。

天堂只有美麗豐盛的生活，因此我們在地上也要這樣地生活。

我們能真的把這段禱文放進心坎裡嗎？我們真的相信它嗎？我們能每天早上這樣禱告嗎？

我在我的電腦上面掛了一件木製小飾品提醒自己，上面印著：「願你的國降臨。願你的旨意行在地上，如同行在天上。」我要這段禱文經常出現在我的腦袋最前端。當我看見邪惡，就祈求神的國降臨。當我受到傷害，也祈求神的國降臨。

我最近開始做一個小練習，在禱告時，用我居住的城市來取代禱文中的「地上」一詞：「願你的國降臨。願你的旨意行在基黑（Kihei），如同行在天上。」對我來說這就真實得多。有趣的是，這促使我重讀聖經，並追問自己：我要怎麼實現這段話？天堂是什麼模樣？神的空間是怎樣的？耶穌的統治是怎樣的？我要怎樣藉著聖靈的大能，讓耶穌的國降臨我這個城市？

你有念〈主禱文〉嗎？你對自己居住的城市有這種心願嗎？請你想想，如果你祈求神的國降臨紐約，如同在天上，那是什麼情況？那是你心中的吶喊嗎？

第八章

你的創傷跟你想的不一樣

擁抱身上的疤痕，不是掩蓋起來

Brokenness
Is Not What
You Think

我在社區學院念書時，搬去叔叔嬸嬸的家住。剛搬去那天中午，我坐在沙發上哭得停不下來，完全不顧形象。如果你有同樣經歷，就知道我說的是什麼，就是本來只是低聲哭著，突然變得號啕大哭起來。

那時，我已經為幾樣事情痛苦掙扎一陣子了——生活的苦悶憂鬱、做錯事的自我譴責、追隨耶穌過程中猛然醒悟而幻想破滅。我終於崩潰了，把一直隱藏的創傷、悲痛、苦楚通通攤開在他們眼前。

這是我第一次揭開面具，誠實面對。平日朋友問我過得如何，我總是陳腔濫調地回答「不錯」，心裡總是充塞著陰暗的想法：「假如別人認識**真正的我**，他們會避之唯恐不及嗎？」我就是這樣，老是裝作玩世不恭的樣子，把某個版本的我投射在別人眼中。

當天大哭那一刻，我如釋重負，無法形容那種自由的感覺。我記得叔叔和嬸嬸只是一直聆聽、鼓勵，並提醒我上帝多麼愛我。那真的發揮了治癒的功效。

我們每個人都有創傷，那些痛苦的事情讓人一想起來就忍不住畏縮不前。創傷可能來自我們自己做的事，或別人對我們所做的事，感情上的創傷尤其敏感難熬。

我念中學和大學時曾做了種種不智的選擇，到了今天，如果不是一心想著耶穌和他的恩典，往日的陰影可能還是縈繞不散。除此之外，還有自小揮之不去的記憶：我的大部分朋友來自傳統家庭，我自己卻在單親家庭中成長。還有折磨人的分手經歷，也帶來無比難熬的椎心痛楚。

不過創傷的問題在於，我們的第一反應通常就是把它遮蓋起來，一心以為只要用繃帶包紮好，它就會自行痊癒。有時這或許是對的，但如果傷口實在很糟，這樣做只會令情況惡化。沒有人看見它，它卻在潰爛。如果置之不理，遮蔽著的傷口可能會遭到感染，嚴重的足以致命。沒遮蔽的傷口能接觸到氧氣和陽光，反倒可以讓創傷的治療走出第一步。

如果我們對內心的創傷置之不理，後果又會怎麼樣？首先，仇恨或怨懟是心靈創傷的病徵：我們會感到憤怒，誓要重重反擊。可是南非人權鬥士、諾貝爾和平獎得主曼德拉（Nelson Mandela）提醒我們：「心懷仇恨就像我們自己喝下毒藥，卻期待這樣能殺死仇敵。」

當有人的身體受傷了，你觸摸他的傷口，他的第一反應就是畏縮、閃避，因為傷口非常敏感。同樣地，當別人觸摸你人生中的心靈創傷，也會引起一樣的反應，令你畏縮、閃避。

但是，假如神要醫治你，假如祂要把傷口變成疤痕，你知道那是怎麼一回事嗎？

有趣的是，我們不會像遮蔽傷口那樣，把疤痕遮蔽起來。我們會把傷口蓋住或罩住，確保別人看不見、摸不到。但我們不怕向人展示疤痕，因為每道疤痕背後都有一個故事。1

我的上唇有一道小疤痕，因為我一歲大時，以為吃狗的飼料是很棒的一件事，可是那隻狗並不認為這是明智的做法，一口往我臉上咬下去。

在第六章我也提到，我的右肩有一道六英寸的疤痕，裡面有兩塊鈦金屬片和十顆螺釘，因為我飛身接球時把鎖骨砸斷了。

我右手的手指有一道刀疤。小時候我發現了媽媽的摺疊式小刀，就把它帶到家裡一個角落把玩起來。我不大確定它用來做什麼，就在食指上試試，一下就把手指割開了。

疤痕能講故事。很多時候，別人看見你的一道疤痕，就會問它的由來，我們也不怕講出來。因為已經不痛了。你可以觸摸我任何的疤痕，都不痛；我不會畏縮，不會閃避。它只是給我一個機會，告訴你曾發生過什麼，以及它又怎麼癒合起來。

假如耶穌要把我們的傷口變成疤痕，那不是太好了嗎？我們就不用再感到痛苦或羞恥了。我們可以帶著傷口，去見那「醫治你的」（上帝在〈出埃及記〉十五章二十六節這樣稱呼自己）。

可是，有時這是不容易的。有些傷口在我們來到耶穌跟前的那一刻就痊癒了，有些要經過一番折騰。

罪疚的痛苦

大約兩年前，艾莉莎和我從城市遷往山邊一個小鎮居住，那裡跟我以前上中學的地方距離只有十分鐘車程，我常回到那裡去買食品雜貨（還有去星巴克咖啡）。有時我開車在鎮上駛過，看見一些街道或地標時，會忍不住畏縮起來：

那是深夜時分我跟朋友肆意放縱的公園。

那是我曾做過羞恥情事的停車場。

那是差點爆發一次群毆的街道。

還有很多很多。

開車駛過那裡的街道著實令我難堪，因為它們令我想起人生中一段乏善可陳的歲

1 感謝約翰．馬克．柯默（John Mark Comer），我在他的《愛心學》（*Loveology*）一書中首次聽到疤痕和傷口的分別。

月，想起當時老是作出不智的選擇。那種感覺就像一個舊傷口被揭開了，疼痛、苦楚、後悔、罪疚一湧而至。我心煩意亂，內心展開對話：

「我不是已經從這一切當中復元了嗎？」

「如果已經復元，為什麼感覺還歷歷在目？」

「如果神的恩典已經降臨我身上，為什麼此刻還有罪疚感？」

在這些時刻，我要自己記得兩件事：

◆神一直都在

首先，我不苟同那種荒謬的想法，認為神在這些時刻對我袖手旁觀、漠不關心。神決不是保持距離、身在遠方；事實上祂一直在罪疚、自責、起起伏伏的擾攘思緒中，向你低聲耳語。

但你不要把神的耳語跟來自另一方的耳語混淆。

作家安・福斯坎曾經談到這另一種耳語：「有嘶嘶的聲音在樂園向夏娃放話（那是至今仍叫我們受騙的原始騙局），說神不關心祂子女的需要。或許因為這種謊言，世人仍然無法走出傷痛——如果神不關心，我們為什麼要關心？沒錯，怪罪於神是更容易的！

如果我們相信這個伊甸園的謊言，相信神漠不關心，把這當作藉口離棄神跑開、為此散播神不關心的謊言，事實恐怕是人類自己不關心。」[2]

神就在我們的傷痛中。我們有什麼傷痛，神都知道。祂會走近，前來醫治。

◆此刻的痛苦是一種幻覺

我同時提醒自己，過去的錯誤不代表我人生最真實的一面。那只是幻覺中的痛苦。有些人失掉一條手臂、一條腿或身體其他部分，就可能產生所謂的「幻肢痛」：一種幻覺中的痛苦，感到身體某部分劇痛，事實上身體那部分已不存在。

「幻肢痛」不是真實的——儘管大腦神經元交接點發出訊號，表示那地方在痛。當然你可以低頭看一下，就會發現感到痛楚的左腳根本已經不存在了，但要認定當下的痛楚不是事實，卻遠比想像中的困難，因為你感受到的痛楚是那麼劇烈、那麼栩栩如生。可是事實上，它真的是無中生有。

2 Ann Voskamp, "When There are Wars and Planes Fall from the Sky: How to Face the Problem of Evil and the Greater Problem of Good," *A Holy Experience*, July 22, 2014, http://www.aholyexperience.com/2014/07/when-there-are-wars-planes-fall-from-the-sky-how-to-face-the-problem-of-evil-the-greater-problem-of-good/.

我相信我們那些後悔的時刻就像這樣。當同樣的罪、同樣的悲痛、同樣的愧疚反覆重現，當我們開車經過一些喚起記憶的地點，或在臉書看到引發強烈罪疚的事物，我們要提醒自己，那是幻覺中的痛楚，不是真的，不代表我們最真實的一面。

修補創傷

在神的國度、在天堂，上帝宣告當我們追隨祂，就是新造的人了，我們變得潔淨，也獲得寬恕了。我們是神的子女，祂因我們而喜悅；祂不在遠方，就在我們身邊。這才是我們最真實的一面，不是傷口喚起的痛。

在真假莫辨的一刻，我們要腳踏實地，真心求助，並且不斷提醒自己痛楚不是真的。那是一道疤痕，它已經痊癒了。

耶穌就是這樣，我們信靠他，因為他經歷過這一切。

他知道受創、挫折是怎樣的。

他知道被毆、痛楚是怎樣的。

他知道被出賣、遭遺棄是怎樣的。

他知道付出愛卻遭痛恨是怎樣的。

他知道這一切，沒有其他神祇能夠這樣。

你有沒有讓耶穌把你的傷口變成疤痕？你願意讓他這麼做嗎？假如耶穌治癒你人生陰鬱的一面，讓你可以轉過身來告訴別人耶穌多麼美好，那你不就從此擺脫痛苦了嗎？當傷口變成疤痕，我們不只不痛了，還可以讓它講一個故事——我們可以指著疤痕說：「看看耶穌做了什麼。」

日本文化裡有一種陶瓷修補技術叫「金繕」（kintsugi），可以把打破的罐、壺、碗、盆、花瓶等器皿修復。當一個碗或一個壺破了，金繕工匠會用混入金、銀或白金的漆把它修補妥當。

器皿修好後，最為顯眼的，就是那些像脈絡般在裂縫破口填上的金、銀或白金。如今這件美麗的藝品最光彩奪目的部分，就是修補過的鑲了金銀的破口。你用網路搜尋引擎查一下「金繕」這種技藝，就曉得我在說什麼了，你可以看看它有多美麗。

有了金繕這種技藝，當器皿打破了，它的價值不會貶損。新的鑲金修補，使它**更具**

價值。那些不完美的地方，沒有試著遮蓋或隱藏起來，而是把它完全展現人前，讓它的美與光榮顯露無遺。

來到耶穌跟前讓他修補創傷，跟這沒有什麼兩樣。我們所知道能夠啟發人心的人當中，就不乏曾經受傷、受挫、受苦，而仍然平安喜樂、百折不撓的人。疤痕不會把我們過往的經歷隱蔽起來，而是把它展現出來。當我們展示疤痕，就等於指向那位醫治者——是祂把恩典灌進我們靈魂每道裂縫破口的深處。

有時那是隱喻性的疤痕，但有時是肉體上的疤痕。很多人多年來嘗試以自殘來解除自己的羞恥、罪疚和痛苦，我跟他們談過。我最近還跟這樣一個女生談過，她說：「我覺得自己這樣受苦，是罪有應得的。」

我聽到她這樣說，心都碎了。耶穌的美妙之處，在於他並沒有要求我們傷害自己、讓自己受苦受罪，好讓我們成為值得他愛的人。我們原就是值得他愛的，因為我們是神所造的。我們具備固有價值，因為是造物主讓我們存在，祂甚至因我們而喜悅。[3]

要自己受懲罰才能贏得主的愛，這種想法聖經從來沒有提過。事實上，聖經所說的恰好相反。

耶穌承受了我們的痛苦。他感受到悲痛和苦楚的重壓和衝擊力，自己完全承受了。

如果痛苦和羞恥裝滿一杯子，他就連最後一滴都喝光了，我們永遠不用喝。這就是我們慶祝歡騰的原因：因為我們知道耶穌踏進傷痛的縫隙中，承受了一切，然後轉過頭來以溫柔眼神看著我們，把我們喚作孩子。我們是屬於他的，我們不用再躲起來。

如果你曾經自殘，如果你讀到這裡，請你知道，你是上帝所眷顧的，上帝只想在你身上灌注恩典、喜樂和美善。你不用再自殘。祂醫好了你，你可以指著疤痕說：「看看耶穌做了什麼。」

對我來說，與人分享被耶穌治癒了過往痛苦的經驗，是更深一層的療癒。當我跟別人談起這些過去的經歷，雖然會覺得有點脆弱，但更多的是一種有人分擔的感覺，因為我知道神在身邊，祂在治療。

不要害怕把你的故事說出來。
不要害怕展示你的疤痕。

你可能會為眼前這個與你分享的人帶來啟迪，幫助其他仍在傷害自己的人。

3〈西番雅書〉（索福尼亞）3章17節。

最痛的疤痕

肉體的疤痕不代表唯一的傷害。最傷痛而又看不見的疤痕，來自性創傷。

我收到很多電郵談及相當私人的事，可能因為艾莉莎和我在 YouTube 網站談到兩性關係，其中反反覆覆出現的一個話題，就是性侵和強姦，以及隨之而來的罪疚、羞恥和悲傷。

我認為沒有什麼傷害比在性方面遭到掠奪、偷竊、扭曲和濫用來得大。性跟我們的靈魂以至於個人存在緊緊交織在一起，它受的傷害，比其他什麼都來得深。如果你跟曾經遭到性侵的人談話過，他們會告訴你那種羞恥、悔疚和受傷的感覺有多深。甚至使徒保羅也提到，性的問題跟其他一切是不一樣的。[4]

最近我接到一位女性的信，她受到性傷害。當她最初接觸性的概念時，她決志守貞等待她的丈夫。她在七年級時為此正式立誓。隨著年歲漸長，壓力也隨之而來，但她堅守承諾，並感到自豪。

在發信給我前的那個夏天，她跟一群朋友外出，遇上一群她認識的男子。她只記得喝了兩杯酒，然後記憶漆黑一片。她的朋友去了另一家酒吧，把她留在原來的酒吧。第二天她睡醒後就哭了起來，因為她對前一晚發生過什麼事混淆不清。她看了一遍手機訊息，看到她曾發訊十多次請友人來接她，最後他們來了。

當下，她相信自己可能遭到性侵，但她那些朋友向她保證沒發生過什麼。

一個半月之後，她發現自己懷孕了。她在信件中說，她目前正掙扎著完成學業，然後工作掙錢，想給小寶寶過好生活。

在這裡述說她的故事，令我忿怒、哀傷和悲痛。因為在這個敗壞的世界，傷害有時是自己造成，但有時（像這個故事）卻是他人造成的。我們本身沒做錯，但邪惡**衝著我們而來**，我們卻要承擔後果。我們受影響、受傷害，人生因此徹底改變。

你千萬不要跟我說：「嗯，如果受害人當初不要——」我聽過太多基督徒採用這種邏輯了，沒有什麼比這個更令我怒不可遏。最簡單清楚不過的是，任何人被強姦或施暴，都不是那人本身的錯——不管受害人去過什麼地方、喝過什麼東西、穿什麼衣服。罪惡是犯罪者造成的。

幾天前我讀的一篇諷刺文章就指出，前述那種辯解言論，光是說出來就夠可笑了。《紐約客雜誌》（*New Yorker*）網路版製作人凱特琳．凱莉（Caitlin Kelly）指出，如果盜

4〈哥林多前書〉。

竊受害人跟強姦受害人受到同樣對待，他們這種言論會招來怎樣的反應。[5] 當有人被偷走錢包而發推特說：「我相信有人偷了我的錢包。」我們是不是會這樣回應：「你有證據嗎？那一晚你喝了酒嗎？事發時你穿什麼衣服？」

如果你曾遭到性侵而正在閱讀本文，請明白：**那不是你的錯**。你穿什麼、說什麼、做了什麼，都沒有關係。沒有人有權力對他人的身體占便宜。沒有被強姦經驗而正在閱讀本文的人，讓我告訴你這一點：請勿再把一位女性的身分跟她父親、兄弟或其他任何人連繫起來。很多時候，當事情發生在一位女性身上，就會有人說：「真丟臉。你們知道她就是某某的女兒嗎？就是那個某某的妹妹？」

要知道，這樣做是不知不覺中把一個人的價值跟另一人的價值連繫起來，刻意加重兩個人價值的關聯性。但一個人的價值並不在於她是某人的女兒或姊妹，她之所以有價值並具備尊嚴與尊貴的特質，是在於她帶有神的形象——她是一個人。

認清楚這種固有價值，不是微不足道的問題。因為很多色情商品的男性消費者，習慣了把女性看作消費品，專供男性享用。女性的性別本質被扭曲了，侵害事件多得令人吃驚。美國每年有六十八萬六千個女性遭到強姦，也就是**每天**一千八百人；平均來說，五分之一的女性和七分之一的男性，在年滿二十二歲時都有過被性侵的遭遇。[6]

能在小小的手機螢幕上隨時飽覽色情資訊，我們可說是史上第一代人。因此我們所教養的下一代，將是史上遭受及施行最大規模性剝削的人。這對於我們、我們的孩子、我們的社會將有什麼後果？這個問題影響廣泛，傷害將不斷湧現。

不管是怎樣的傷害——從性侵那麼嚴重的創傷，到看似微不足道的小事——都是令人刺痛的。我們要知道的是，治療來自耶穌。他接過我們的傷痛，醫好它，然後賦予我們新的生命。

跑掉的羔羊

有一個古老的以色列及猶太節日叫「贖罪日」（Yom Kippur）。在聖殿仍然存在的時代，祭司會在祭壇獻上一隻羔羊，而把第二隻羔羊送到曠野。

5 Nina Bahadur, "If People Talked About Stolen Wallets the Way People Talk About Rape," *Huffington Post*, November 20, 2014, http://www.huffingtonpost.com/2014/11/20/caitlin-kelly-if-rape-were-a-wallet_n_6191588.html.

6 Roni Caryn Rabin, "Nearly 1 in 5 Women in U.S. Survey Say They Have Been Sexually Assaulted," New York Times, December 14, 2011, http://www.nytimes.com/2011/12/15/health/nearly-1-in-5-women-in-us-survey-report-sexual-assault.html?_r=0.

那第二隻羊總令我覺得不可思議。根據〈摩西五經〉，祭司長按照規矩，雙手按在羊的頭上，為以色列的罪認錯，把罪轉移到羊的身上。然後他把羊送到曠野，以後不要再見到牠。「代罪羔羊」這個成語就是由此而來。

但不可思議的是，耶穌把所有這些傳統攬在自己身上，代罪羔羊變成虛影，真正的代罪者是耶穌。

我們聽到召喚，要把我們最深層、最黑暗、最難化解的罪（我們自己犯的罪，以及別人在我們身上犯的罪）伸手送出去，放在耶穌身上。十字架上的耶穌，同時是祭品和代罪羔羊。他把我們的罪帶進墳墓，就像代罪羔羊把罪帶到曠野。

美妙之處在於，我們的罪一旦轉移到耶穌身上，他就把罪全都留在墳墓裡，然後他復活，把死亡之門關上。如今，他有了新生命，我們有了平安喜樂——我們是新造的人。

你曾有這樣的一刻嗎？你曾伸手彎腰把重擔放在耶穌身上嗎？你曾覺得累了嗎？你曾因為你的羞恥、罪疚，以及必須想辦法隱藏它們而感到疲憊嗎？

耶穌要你把這一切交給他，讓他拿走它、砸毀它。

你有沒有注意過，當耶穌經歷死亡之後走出來，在復活中現身，他的傷口已不再是傷口？

它們是疤痕。

它們被醫好了，它們在講一個故事。而且，復活後的耶穌，有一具完美光榮的軀體（到了時間盡頭，當世上一切完全修復，我們的軀體也會像他的一樣）。

可是他仍然有疤痕。很多人把疤痕看作弱點，但如果耶穌復活**之後**仍有疤痕，疤痕也許就不是弱點了。也許疤痕使我們成為真正的人，顯示我們曾在世間過活，講述我們的故事。沒有了疤痕，我們就可能不是同樣的那個人。感謝主，傷口變成疤痕後，就不再是傷口了。

聖經對這個問題有完美的說明，我們來看看耶穌復活後，怎樣說服多馬（多默）這個愛懷疑的門徒。多馬的朋友告訴他耶穌復活了，但多馬不信。「我非看見祂手上的釘痕，用指頭探入那釘痕，又用手探入祂的肋旁，我總不信。」[7]

八天後，耶穌終於和多馬碰面。耶穌沒有責備多馬，沒要他更堅定信主，也沒有要他讀更多辨惑的書。此時他不是說：「只要信。」而是說：「伸過你的指頭來，摸我的手。伸出你的手來，探入我的肋旁。不要疑惑，總要信。」[8]

7 〈約翰福音〉20章25節。
8 〈約翰福音〉20章27節。

耶穌回應多馬疑惑的方式，就是請多馬伸手摸他，感覺他的疤痕。這似乎在說，耶穌藉著他的疤痕證明自己具備人性。他在這一刻變得實實在在。

很多時候我們跟耶穌擦身而過，因為在最黑暗的一刻，我們總是想要倚賴自己的辯才和論證，耶穌卻只是說：「**摸摸我**。」這其中包含著深刻的親密感。耶穌在我們痛苦時說：「**我知道。看看我的疤痕**。」他經歷過死亡，但他也經歷過復活。

回到前面講的那個女孩的故事，她把從神那裡獲得的醫治完美地概括起來：「我知道並深信耶穌在我身上有他的計畫。每次覺得小寶寶在動，我都知道耶穌會讓了不起的事發生在我和我的孩子身上。耶穌是我的磐石，如果我倚靠他以及他放進我生命中的人，我就可以克服萬難。」

每次小寶寶在媽媽肚子裡踢了起來，就是神在說：「我比邪惡來得大。**我比發生在你身上的事來得大**。這就是復活的意義。」

邪惡不能獲勝。在死亡、邪惡和傷害中間，有新生命迸發而出。

第九章

聖餐跟你想的不一樣

餐桌不只是吃飯的地方，而是神聖的空間

The Table's Not What You Think

多年前，一位信奉彌賽亞救世主的猶太人伊蘭・札米爾（Ilan Zamir）開車經過以色列一個阿拉伯人聚居的村莊，突然一團模糊不清的深色物體在車前閃現，他急踩煞車，可惜為時已晚，一個十三歲的巴勒斯坦孩童給撞死了。原來這個男孩是聾的，他聽不到汽車駛近。

伊蘭是耶穌的追隨者，馬上覺得要尋求和解，作出補償，盡他所能懇求寬恕。可是，猶太人和巴勒斯坦人之間存在著一道至深至大的鴻溝，可能比當今世上任何族裔之間的鴻溝都要大。他們對彼此所做的令人不忍卒睹的行為多不勝數，只因為他們相信對方是敵人。

伊蘭對男孩的死亡和他要負的責任難以釋懷，決意無論如何都要作出補償。當他向猶太人朋友提到這種想法，對方表示難以置信。一位以色列警察甚至說：「你這樣做很危險，可能會惹來大禍。你是以色列猶太人，而你要接觸的是西岸的阿拉伯人。」

伊蘭當然知道嘗試尋求和解有多危險，按照阿拉伯人某種傳統，死者家屬甚至可能殺死他報復。但他跟一位阿拉伯牧師談過後，決定安排一次飲宴以表示和解，這是阿拉伯文化中的傳統和解辦法。阿拉伯文「和解宴」（sulha）一詞，相當於希伯來文的shulhan，意謂「桌子」。於是他擺設筵席，心想，對方會接納他的道歉、寬恕他嗎？會不會反而責罵他、甚至傷害他？但付出愛是要冒險的，伊蘭願意冒這個險。後來他描述這次會面：

> 最初咖啡杯放在桌上，還沒動過。按照傳統，家中父親如果接納和解，就會首先拿起杯子喝起來。結果他真的願意寬恕！在他作出這個決定之前，他緊繃的臉使整個過程蒙上陰影，但當抉擇的一刻來臨，他突然微笑起來，臉上悲痛的表情軟化了。他目不轉睛望著我，向我湊近，笑得更寬鬆了，然後他張開雙臂作擁抱狀。當我們彼此貼近擁抱起來，他按照禮儀在我臉頰上吻了三次。當父親啜著咖啡，各人開始互相握手，整個氣氛改變過來，緊張情緒一掃而空。[1]

飲宴將要結束之際，席上有人望著伊蘭，對他說：「你知道嗎，我的兄弟？你取代了我們死去的兒子。你在別的地方有你的家和家人，但你要知道，這是你的第二個家。」

你能想像嗎？那一刻，伊蘭以至於整桌的人，沐浴在一波接一波的愛、感恩與和解

1 Ann Spangler and Lois Tverberg, Sitting at the Feet of Rabbi Jesus: How the Jewishness of Jesus Can Transform Your Faith (Grand Rapids: Zondervan, 2009), 139–145.

中。這樣的時刻有一種特殊感染力、特殊的美，非筆墨所能形容。

這個故事中我最喜歡的一點，就是 sulha 一詞表示「桌子」。在幾乎所有文化裡（除了西方後現代社會），餐桌包含一種深刻的神聖意義。

它是體現和平、愛與誓約的地方。你跟誰坐在同一桌，就跟他們連成一氣。誰在同一桌上用餐，在某種意義上就是一家人。一些文化把這個原則貫徹到底，一家之主要不顧一切負責保護同桌用餐的客人，即使犧牲也在所不惜，因為這是一種榮譽。這樣的待客之道是一種藝術。

餐桌的藝術

可惜在今天的世界裡，我們幾乎完全喪失了這個概念。我們要把食物很快、很有效率地吃進肚子裡——通常在電視機前，或一邊拿著手機。又或者說，我們只把食物視作身體需要的燃料。譬如我在崇尚運動的文化中長大，在大學裡打棒球，對我來說，食物就從一般人講求的快和便利，轉而計較科學上和生物學上的燃料價值——重點在於卡路里、碳水化合物和能量數值。

餐桌的藝術在美國已消失無蹤。其中一個寥寥可數的例外，就是有些家庭起碼每週會一起吃飯一次，稱為「家庭晚餐」。對我來說這是個奇怪的概念，晚餐本來不就是一家人一起吃的嗎？坐下來一起吃飯，不就是一天裡我們所做的最自然、最基本的事嗎？

在現代的社會文化裡，大部分情形下，我們已不會一起坐下來一邊吃飯，一邊分享故事，或是分享彼此的內心世界。我們不再善用食物的美麗神聖特質，不再把它視作臨時的聖殿或祭壇。沒錯，食物原本是具備這種作用的，傳統猶太人家庭至今仍這樣看待餐桌，把它視為家庭的祭壇、上帝棲身的聖殿。

我們能這樣看待餐桌嗎？我們能不能每次在餐桌前坐下來而想到我們的需要，因而相信這片小小的空間就是神所在的地方？相信這是神向我們顯現的地方？

耶穌在世時，餐桌隱含家庭與和平的意義。就是因為這個緣故，那些宗教領袖對於耶穌跟他們認為不正當的人一起吃飯就難以接受、出言斥責。他們甚至在〈馬太福音〉第九章刻意問耶穌的門徒說：「你們的先生為什麼和稅吏並罪人一同吃飯呢？」[2]今天的教徒可能會譴責耶穌的追隨者刺青或聽流行音樂，但在耶穌那個時代，他們卻是譴責耶穌跟不正當的人一起吃飯。

2〈馬太福音〉9章11節。

一起吃飯就是——

代表親密，

代表友誼，

代表家庭，

代表和平，

代表承諾和保護。

英國奇幻文學大師托爾金（J.R.R. Tolkien）曾表示：「如果更多人看重食物、歡笑和詩歌，多於看重堆貯起來的黃金，我們的世界會更快樂。」3

餐桌有它特殊的地方，而餐桌在設計上也深具象徵意義。在一些文化裡，用餐時所有人會坐在地上；而在另一些文化裡，大家是圍著餐桌坐下。但無論是哪種情況，用餐時每個人都是身處同一水平上，表示所有人平等。還有，當你在餐桌前坐下來，就會跟其他人目光交投。

耶穌懂得餐桌隱含的力量，以獨特方法善用它。耶穌從來不會只傳播屬靈訊息，祂進入別人的生活，把真理在餐桌上攤開來。

不是講道理，而是吃頓飯

即使你不是耶穌的信徒，你也應該知道，耶穌死在十字架上這件事，可算是歷史上影響力最大的事件。它給眾人帶來的改變和影響，在不同文化和語言之間的傳播，比其他任何事都要大。你或許以為，耶穌為世人送上生命之前，為了確保門徒明白什麼重大事情將要發生，可能會傾全力做一次講道或訓誨。

耶穌跟門徒在一起相處三年了，還有二十四小時，他就要按照預定計畫獻上生命。我們期待他把真理、事實和屬靈要訣，把他最後的一點一滴都擠出來讓門徒看清楚，確保他們對即將發生的事能夠抓住要領。

耶穌跟門徒在這三年裡彼此已經很熟悉了，他跟門徒相處的最後一晚，我們期待記錄下來的，應該是他這輩子最棒的一次講道，不是嗎？至少也要用這一晚重溫一遍三年來對門徒的教誨吧？可是耶穌沒有把白板、講道壇、神學論著這一類東西端出來。

耶穌沒有說：「好了各位同學，這是贖罪解說大綱，你們務必記住，確保能明白即將展現眼前的神學真理。」

3 J. R. R. Tolkien, *The Hobbit* (1937; London: HarperCollins, 2012), 333.

他沒有做任何這樣的事。取而代之地，他與門徒最後一起做的，就是一同**吃飯**。要描述人類歷史上最重大的事件，耶穌不是給他們一套理論或一道方程式，不，他給他們**一頓飯**。

他用麵包和酒來描述即將來到的十字架苦刑。

可見，餐桌是個神聖的地方。

今天，愈來愈迫切的是，我們要重新學習怎樣跟其他人同坐一桌，這是一種藝術。我們和其他所有人都帶有神的形象，可是在今天的文化裡，人不斷被物化、非人化，把人貶低為個人簡介照片、職稱和事業成敗，餐桌給我們機會，把人重新還原為人。

我在網路上跟每個人互動時，對這方面的問題有切身體會。

因為我是個公眾人物（姑且不論這代表什麼），我注意到，別人在「推特」和「臉書」等社交網站上談到我，跟他們和我親身見面時會對我說的話肯定不一樣。這不是因為他們怕我（我不是眼神凶狠的壯漢，也不可怕），而是因為一般人不會在當場見面時講些粗魯或難聽的話，那感覺很差。

當人被物化、非人化，我們就可以隨意忽視或蔑視對方，甚至粗暴對待。但面對面的時候，即使不贊同對方，也比較不會隨意忽視對方、粗暴對待或嘲諷一番，因為我們內心有一道底線，不大願意令別人對自我有太糟的感覺。

談到智慧型手機對兒童社交發展的影響，喜劇演員路易說：

我認為這種東西有毒害，尤其對小孩子來說……他們跟別人說話時不會望著對方，不能建立同理心。你知道嗎，小孩也會做壞心腸的事，因為他們曾試著這樣做，並發覺那是行得通的。他們也許曾望著另一個孩子說「你真胖」然後看見那孩子的臉緊繃起來，他們心想：「啊，令別人這樣的感覺很不好。」但他們也曾試著做另一種壞心腸的事，他們寫道「你真胖」，接著他們會說：「媽，這樣真有趣。我喜歡這樣做。」[4]

網際網路把我們跟別人互動的方式改變過來，因為在網路上，你看不見你說的話造成對方什麼反應。你看不見對方所受的傷害在臉上表現出來，聽不到對方的痛楚在話音中迴盪。要是你看到、聽到，就會引起反響、引發同理心。你會改變姿態，顧及對方。

今天在西方世界，我們比任何時刻更需要餐桌。但這肯定不是唯一需要餐桌的地方，餐桌帶來的和解，任何地方都需要。每個人總會跟另一些人處於對立面：

4 Louis C. K.的訪問，見Conan O'Brien, *Conan*, TBS, September 20, 2013.

保守派不喜歡自由派，
同性戀者不喜歡基督徒，
以色列人不喜歡巴勒斯坦人，
白人警察不喜歡黑人青少年。

當然，這種模式和觀念不一定每個人都有，但一般人對這類謊言完全信以為真，我們在媒體裡反反覆覆聽到這種說法，結果就發生真正的衝突。

在我撰寫本文的時候，美國發生了全國譁然的事件。麥可·布朗（Michael Brown）和艾利克·蓋納（Eric Garner）分別在密蘇里州的弗格森和紐約市死在警察手下，引發數以百萬計的人抗議。

整件事最糟糕的一面在於，大眾完全不屑或不大願意嘗試了解我們那些黑人弟兄姊妹心中的憂慮、哀傷和痛苦。我們要知道，我們應該義不容辭地分擔別人的痛苦——尤其當我們是耶穌的追隨者。耶穌追隨者的其中一項任務，就是讓別人的痛苦成為自己的痛苦，感受它、分擔它，盡量站到我們和別人之間的那道縫隙上，因為這正是耶穌為我們所做的。

當我看見別人沒有設法了解，而只管開口說空話，把自以為正確的觀點看作比什麼都有價值，彷彿那是人生中唯一關乎重要的看法，我就更加深信，餐桌是展開療癒與和解的美妙地方。

在這類全國性事件中，我很高興看到一直潛伏著的哀傷、痛苦和憂慮，經發酵後浮現出來，變得不得不處理了。我們試著想想看，自己能夠這樣做嗎：白人邀請黑人鄰居到家裡吃飯，請他們講講自己的故事？又或者社區人士請幾位警官到家裡吃飯，請他們談談做警察有什麼苦處？我知道全國很多牧師和各界領袖趁著大家抗議的這次機會，好好地聆聽，坐下來，問問題，一起吃飯。

我是土生土長的美國人，我有充分自覺，知道自己看起來像個白人，或起碼足以獲得伴隨白人身分而來的優待。你知道嗎？如果艾莉莎和我有一個兒子，他遭警察槍擊或殺害的機率，比他的黑人朋友小二十一倍，依統計學上的可能性來說，表示要有二十一個黑人青少年被警察殺害，我的白人兒子才有可能遭遇不測。

這樣的問題，就是我們會在餐桌上聽到的。不要害怕坐下來，問你的鄰居、問你的仇敵，請他們告訴你，他們因為自己的膚色而怎樣被傷害、被誤判、被中傷。不要自以為是，問問他們，好好聆聽。你會驚覺這對你的心靈、對他們的心靈有何妙用。

餐桌不光是吃飯的地方，而是家庭的象徵、同心同德的象徵、憂戚與共的象徵。

猶太拉比平查斯．霍洛維茲（Pinchas Horowitz）問他的學生，要如何辨別出黑夜結束、白晝來臨的那一刻：

「是否在那一刻，光線已夠亮，能把一隻狗跟一隻羊區別開來？」一個學生問道。

「不。」拉比回答。

「是否在那一刻，我們能把一棵海棗樹跟一棵無花果樹區別開來？」另一個學生問道。

「不，也不是這樣。」拉比回答。

「那麼白晝是什麼時候來到？」學生異口同聲問道。

「就是在這樣的一刻：當我們端詳任何人的臉，而認得對方就是我們的弟兄姊妹，」拉比回答：「除非我們能這樣做，否則依然是在黑夜中。」[5]

站在街角向別人大聲吶喊是無濟於事的。倒是當我們坐在餐桌旁，面對面，擘著麵包，真理就隨之浮現。神讓餐桌成為神聖的地方。我們用不著猜想耶穌的王國是怎樣的，因為我們讀聖經就能看到他的王國在地上是什麼模樣。而其中主要的一幕，就是耶穌與別人坐下來，一起**吃飯**。

餐桌有它神秘、美麗的一面。

餐桌也有顛覆性、令人自覺羞愧的一面。

耶穌有很多跟民眾一起吃喝的場合，他宣稱天國近了，我們應該追隨他的步伐。我們能邀請那些意見跟我們不同的人，或我們完全無法窺見他們觀點的那些人，來家裡吃一頓飯嗎？

耶穌怎樣研讀聖經

在聖經裡，餐桌跟真理有緊密關係。它是學習的地方、體驗道理的地方、訓誨的

5 Tomáš Halík, *Night of the Confessor: Christian Faith in an Age of Uncertainty* (New York: Doubleday Religion, 2012), 176.

地方。把真理放在心上的人，也應該把餐桌放在心上，因為在聖經裡兩者總是時刻同在一起。只有在我們的後現代思維裡，才那麼看重內心的認知和事實，這種偏重內心的看法，對於我們之前的很多文化而言，是完全不能想像的事。

聖經裡其中一個我最喜愛的故事——也可能是其中一個重要性最被低估的故事——發生在耶穌復活之後。他剛被羅馬人釘死在十字架上，眾人以為可以倚靠他光復以色列的一切期盼化為烏有。我能想像追隨耶穌多年的一些門徒，眼看他像罪犯般被釘在一根木頭上，是如何失望。對公元一世紀的任何人來說，被釘死在十字架上的彌賽亞根本就不是彌賽亞。

然後星期日來臨，墳墓敞開了，耶穌的血液開始灌注到他的血管中，地動山搖。人類歷史隨著耶穌的復活發生巨大的轉向。上帝對世界的難題提出了答案，那就是耶穌，他勝利了。

你或許以為，在這麼一樁翻天覆地的事件後，耶穌接著要做的第一件事，一定是史詩規模的大事，然而他實際所做的事，卻幾乎是個反高潮。

〈路加福音〉描述兩個人正走路前往以馬忤斯（厄瑪烏），一路上談著過去幾天發生的事。他們也許在嘗試把這些事情梳理出一個頭緒來。他們走著的時候，耶穌就走近與他們同行，可是「他們的眼睛迷糊了，不認識祂」。

耶穌問他們在談什麼。他們用幾乎是諷刺的口吻回話：「你在耶路撒冷作客，還不知道這幾天在那裡所出的事麼？」

他們的潛台詞是：**你作客作到哪裡去了，老兄？**

他們承認自己對耶穌抱有厚望，「盼望要贖以色列民的就是祂」，但他們相信在耶穌死亡的一刻，這個希望就破滅了。

耶穌接著跟他們說的話變得很尖銳：「無知的人哪，先知所說的一切話，你們的心，信得太遲鈍了！基督這樣受害，又進入祂的榮耀，豈不是應當的麼？」

言下之意：你們這些人就這麼笨嗎？自始至終彌賽亞就難免一死！（也許耶穌可以對他們寬容一點，因為直到那一刻，讀過先知書的人也幾乎沒人期待過一個被釘在十字架上、被處死的彌賽亞。這提醒我們，有些讀聖經的方法，可能完全錯失有關耶穌的重要內容。）

於是，耶穌「凡經上指著自己的話，都給他們講解明白了」。[6]

在耶穌那個時代，所謂的整部聖經，就是基督徒稱為《舊約》的那部分，現代猶太

6 〈路加福音〉24章13–27節。

人則稱為《希伯來聖經》（*Tanakh*）。因此耶穌這位化為肉身的神，便親自向他們講解**整部**《舊約》。耶穌名副其實地從第一頁講起，引領著他們直到結尾，向他們顯示，自始至終他就是問題的答案，而他們卻還不知道他是誰。

宇宙的創造者親自向這些人講解聖經。他們不用再猜想了。神自己在說：「看哪！自始至終這就是該發生的事。讓我們從第一頁開始，我引導你讀下去。」

你或許以為，在耶穌親自講解之後，這些人的內心會徹底豁然開朗，就像看到一列列排成矩陣的密碼在電腦螢幕上鋪展開來一樣，聖經的真理會在他們心中隨之顯現。可是，看來什麼事也沒發生。

他們繼續上路，當快要到達以馬忤斯時，他們看到耶穌還要走下去，便邀請他留下來共宿一晚。在中東地區文化裡，邀請他人留宿是一種榮譽，尤其是如果對方還要走更遠的路，而時間已經晚了。

他們首先做的，就是在餐桌前坐下吃飯。可是神奇的事發生了：「到了坐席的時候，耶穌拿起餅來，祝謝了，擘開遞給他們。他們的眼睛明亮了，這才認出祂來。」

耶穌引領他們兩人讀了整部聖經，**什麼**也沒發生。

耶穌在餐桌上把一塊麵包擘開一半，他們就**馬上認得他了**。

他們甚至接著說：「給我們講解聖經的時候，我們的心豈不是火熱的麼？」[7] 這發展簡直令我們的現代思維腦袋陷入短路。他們的內心改變了、眼睛明亮了、啟示降臨了、上帝顯現了——不管你怎麼稱呼它，這一切都不是在**耶穌告訴他們所有事實**時發生，而是發生在**耶穌與他們坐在餐桌前一同吃飯**的一刻。這一刻，他們和耶穌建立了關係。

聽了這個故事後，很難不相信餐桌和吃飯對耶穌和聖經都很重要。但有趣的是，很多人寧可用「被告知所有事實」的方式來讓眼睛明亮。

我們夢想中那個版本的基督宗教，就是給我們提供問題的所有答案。難道耶穌不能在我的房間裡顯現，讓我看到他、聽到他，告訴我怎樣做、怎樣信靠他？讓我再把故事要點複述一次：耶穌告知了那兩個人一切事情，但這樣做沒有如我們想像的那麼有用。

可是當耶穌跟他們坐下來，他們的人生就改變了。

這是我們要問自己的一個艱難的問題：我們比較想要耶穌提供問題的所有答案，還

7 〈路加福音〉24章30–32節。

是跟他一起在餐桌前坐下來？

不要誤解我的意思，真理至為重要。我最愛研讀聖經，聆聽其中的話，讓自己沉浸其中。但耶穌總是、總是、總是把真理跟肉身、人際關係、真實生活連繫在一起。

基督宗教不是大學的考試，我們用不著背熟、強記事實。耶穌喜歡在我們跟他坐在餐桌前建立關係時，讓我們的眼睛明亮起來。同坐一桌需要建立關係，查找事實不需要。坐下吃飯要很長的時間，有很多對話，你一句我一句，是一件美好的事。

假如這就是我們看待基督宗教的方式，不是太美妙了嗎？難怪耶穌自己在描述天國時，會使用「婚宴」、「饗宴」、「筵席」等詞語。

我們夢想中那個版本的追隨耶穌之道，就是「得知所有事實」。

耶穌夢想中我們追隨他的方式，卻是「跟他一起坐下來」。

感恩節晚餐

老實說，每天早上我翻開聖經，其中一個目的，只是為了讓我順利在當天處理事項的「讀經」那一欄打個勾，或找出當天所面對問題的答案。但有些日子裡我的內心充滿希望、平安和愛，卻是由於當天早上我什麼都不想，只管跟耶穌坐下來，認識他，跟他說話，向他學習。

這比其他任何事情更需要紀律。光是要我坐下來就十分費力了，要靜下來聆聽又多費一點力，還有要跟他說話、感謝他所做的一切，然後問問題，尋求幫助。禱告和讀聖經是一種**對話**，不是獨白。

問題在於，我們沒有看到在西方基督宗教裡，這個問題多普遍、多嚴重。在基督徒生活的幾乎每個方面，我們所受的訓練，都是把生活、肉體和親密關係從任何事物裡抽掉，剩下徒具事實的骨架。

以聖餐禮（聖體聖事）為例，我們大部分人都參與過或看過。我們對它的具體做法或有不同看法，但很多人仍然傾向於把它變得更抽象，跟它原來設立時的精神背道而馳。

一位導師把我對聖餐禮的想法扭轉了過來。他提出的一個例子，我至今仍然印象深刻。他說，試著想像你被送到二千年後的未來世界（也許再次使用時光機），你在那裡到處看看，會看到什麼情況？

各種事物那麼陌生、那麼先進、那麼不一樣，光是要存活下來恐怕就很難了。你首先看看有沒有熟識的標誌，就像我們旅行時找最近的麥當勞或是蘋果電腦用品店（這就是我會找的）。在半路上，你看到廣告宣傳當晚的一場感恩節盛宴。

你馬上興奮起來。感恩節晚餐不光是你熟識的，更是你喜愛的。我肯定這都是我喜歡的：晚餐裡的火雞、餡料、馬鈴薯泥、南瓜派；而且不光是食物，還有遊戲、與家人共聚的時光、輕鬆愉快的氣氛、一整天談天說地、看美式足球，放鬆一番，也許還要設法應付每家人一定都有的壞脾氣叔叔（如果我的叔叔讀到這裡，他要知道我們這一家人是例外）。

那是一段奇妙的美麗時光，感恩節有太多值得喜愛的地方。因此，當你聽說有一場感恩節盛宴，你就記下細節，準備赴會。

當晚你到達宴會地點，走進會場。起初看來有點古怪，你懷疑這裡是不是正確的地方。那是很大的一個房間，裡面有一千人，前方有一個大型舞台。所有人面向前方，你只能看到其他人的後腦杓。左邊通道上有人傳遞一個小金碗，傳到面前時，你看到裡面是小塊的火雞肉，你跟著大夥拿了一塊。接著傳來小杯的氣泡蘋果汁，你也接過了。

然後一個你不認識的人走到台上，帶領群眾共享感恩節晚餐。你左邊那個人輕推一下旁邊的人說：「這個感恩節晚餐真棒！是近年來最棒的！對我來說真是意義非凡。」

你不曉得該大喊還是以手掩面。這根本不是感恩節晚餐！

好吧，如果你認為感恩節晚餐就是那一塊肉和那一杯飲料，**技術上來說**它也合乎定義。但如果你知道——就像我們大家都知道——感恩節晚餐在於那種氣氛、那些人、那段時光，還有共坐餐桌、同看足球、共享親密的感覺，那就完全不一樣了。你會覺得那頓千人宴會不可思議、古怪得要命，儘管其中包含晚餐的各種「成分」，卻把處於核心的生命力和歡樂抽走了。

西方基督宗教的聖餐禮基本上就是這樣。我肯定彼得和保羅會覺得今天的聖餐禮大為不妥，一如你對例子裡二千年後的感恩節晚餐深表不以為然。

耶穌與門徒的最後晚餐是真實的一頓飯。耶穌把他的死跟一頓飯連繫起來，我們就永遠不會忘記我們需要他捨身救贖——因為我們經常吃飯。他說：「每次你們擘麵包喝酒，就記得我。」

耶穌復活後，早期教會把聖餐重新定調，確立它的歡慶本質——它是愛的饗宴。

早期教會的聖餐在餐桌上舉行，歡迎所有人參加（在保羅書信中唯一提到聖餐的地方，是保羅嚴厲譴責哥林多人，因為他們把聖餐變成會員制的俱樂部，不是人人都受歡迎可以加入）。

聖餐代表互愛、犧牲和服事他人。參與聖餐，可以顯示出大家都同樣需要恩典和寬恕；而一起享用麵包和酒，就是以此為標誌，指向耶穌和他的犧牲，那是耶穌追隨者的記號。

我們現代版本的聖餐，跟早期教會的聖餐比較起來，更像工業革命的產物。

療癒人心的餐桌

我曾經面對過嚴重的孤單、沮喪，甚至憂鬱症。對我來說，有一種令人難以置信的恩典，出現於〈詩篇〉第七十八篇：「……並且妄論神，說：『神在曠野豈能擺設筵席麼？』」8

神真的能夠在曠野擺設筵席嗎？對古代以色列人來說，曠野代表死亡、痛苦、悲慟、哀傷。沙漠裡寸草不生。我也曾經像〈詩篇〉第七十八篇中的以色列人，語帶諷刺得抱怨上帝，說出同樣尖刻的話。在這段經文裡，以色列人不是懇求神在曠野設宴，而是在說神**不能夠**那樣做。可是當我們向神提出疑問，有時祂的答案令我們吃驚。

〈舊約〉中有一段很奇怪的經文，來自於〈何西阿書〉。以色列人背棄了神，不再敬拜祂。神為了讓他們悔悟，便說：「後來我必勸導她，領她到曠野，對她說安慰的話。」9

在這裡可以感受到一絲奇妙的浪漫情懷。在以色列人眼中，曠野乾旱死寂，是沒有人想去的地方，這個地方只代表衰敗，可是在神眼中是另一回事。「勸導」是個溫柔的詞語——彷彿上帝知道，有些事情我們只能在曠野中學習。

這使我想起天上的星辰。試想，星星其實一直在天上，但如果你白天時往天空看，它們仍舊在那裡，只不過你看不見。只有當天空變得黑暗，它們才照耀、閃爍、發亮。

假如上帝也是這樣呢？假如我們在黑暗的日子裡往天上看，是不是就更能看到神的美妙？是不是當我們覺得一切就要失控，祂反而照耀得更明亮？如果要說到實際情況，我們就會知道，有時要看到星星在天空中閃耀，最佳的地點就是曠野。

在以色列人（和我們）向神尖刻、諷刺地發問之際，神就回答說：「行！」祂真的在曠野裡擺設筵席。

當我們處於靜默中，

當我們墮進憂鬱中，

8 〈詩篇〉78章19節。

9 〈何西阿書〉2章14節。

當我們陷入痛苦中，
祂為我們擺設筵席。

宇宙萬物的神為你和我擺設筵席。祂跟我們面對面，沒有撒手不管。祂在麥可・布朗事件掀起族裔緊張關係之際擺設筵席；祂為以色列人和巴勒斯坦人擺設筵席；祂為你和我擺設筵席。

我們受邀坐下來，吃喝，學習，歡笑，而最重要的是——相親相愛。

上帝不光為我們擺設筵席，更與我們坐在一起，這是多美麗的一幅圖畫。祂眷顧我們，道成了肉身，住在我們中間，放下身段，在我們中間搭起帳篷。

你用不著找尋上帝，因為祂顯然坐在每個筵席中間，邀請所有人來分享。

我們都在這個家庭中。我們每個人都各有不同，我們每個人都獨一無二，我們每個人都是耶穌身體的一部分——他是我們的主。我們擁有共同的姓氏，這是不可忽視的。俗語說「血濃於水」，說的一點也沒錯。可是讓我們團結起來的不是我們自己的血，而是耶穌的血。最美妙的地方是，我們就像一個真實家庭那樣，都受邀坐在餐桌前。你願意坐下來嗎？

與耶穌同坐

上次我去以色列時，受邀參加一次晚間敬拜。我不知道原來那是一個沒有對外公開的隱密晚間敬拜，當地一些最具影響力的巴勒斯坦和猶太基督徒聯袂參加。它只能在一年中的特定日子舉行，因為這段日子最容易讓所有人走過邊界，通過檢查關卡。

在場的阿拉伯和猶太成年男人都以最響亮的聲音讚美耶穌。我原來想拍照片或影片，但那是嚴格禁止的。如果給人知道他們跟一般所認定的仇敵在一起，很多人會失掉工作，甚至喪失性命。不能拍照完全沒有關係，因為我永遠不會忘記那個情景。

房間裡大部分人都有兄弟姊妹或父母在戰爭和暴動中喪生，聽到現場頌讚耶穌（希伯來文叫 Yeshua，阿拉伯文叫 Isa），真是奇異的恩典。聚會快結束之際，大家跳舞同歡。我被帶到前面和一些成年男人在一起，圍成一圈，手臂互相搭在別人肩膀上，唱起歌、跳起舞來。

除了希伯來文的耶穌以外，我聽不懂他們任何一個詞語，但我知道他們十分興奮，無法抑制心中對兄弟、對耶穌的愛。我記得當我左右看看，看見一位很有影響力的巴勒斯坦人，和一位很有影響力的以色列人一起唱歌跳舞，彼此的手臂緊緊交纏。

我相信天堂就是這樣。難怪在〈啟示錄〉中，時間的終結被描述為「羔羊的婚宴」。[10]〈啟示錄〉作者約翰見到的其中一個景象，就是「**各**國、**各**族、**各**民」站在寶座前面，大聲喊著說：「願救恩歸與坐在寶座上我們的神，也歸與羔羊。」[11]

那是我們的最終目標。我們已經知道故事的結局，重點就在這裡：我們的人生軌跡是把我們帶向這裡嗎？抑或我們是走在另一條路上？

餐桌、親密關係、神的故事、聖殿和安息日——全都那麼重要，原因就在於，它們是彼此相關的。

如果沒有跟聽者建立關係，就無法講故事。
如果沒有另一個人，就沒有親密關係可言。
如果沒有其他人在一起，餐桌就不能發揮療癒的力量。

假如我們把這一切還原為「如果沒有」的狀況，我們的人生會變成怎樣？是否就因為這許多的「沒有」，使很多年輕人到了年紀較大時「離棄信仰」，因為他們根本從來沒有真正地認識信仰？（或者，更貼切的說法是：可能他們從來沒有真正地認識耶穌。）

我們很容易丟開事實，很容易改變主意，很容易把一些東西丟掉、將之忘掉。可是我們很難忘掉一個人、忘掉一段關係。不要錯失在餐桌前與人建立關係，同時被諒解、被愛、被寬恕。這是耶穌帶給我們、請我們接納的。與耶穌一同坐在餐桌前。

他早就邀請了我們。現在，是時候讓我們坐下了。

10 〈啟示錄〉19章9節。

11 〈啟示錄〉7章9–11節。

結語

給朋友們的最後幾句話

如果你終於讀到這裡，我衷心感謝你。寫作一本書，是語言、時間、精力和自律能力的交戰。本書對我來說負擔尤其很重，因為過去幾年裡，透過這些想法和概念，我向耶穌走近了不少，我十分希望能把這本書寫好，讓你們也大步走近耶穌。

當你讀到最後一頁，我衷心祝禱，你會更接近耶穌、更愛他，並能看到所謂的基督宗教，是把真理、奧秘、恩典和美善揉合在一起的舞蹈。

我曾聽說，福音就像一個無家可歸的人找到了麵包，到處跟別人說哪裡可以找到麵包。如果你覺得精疲力竭、欲振乏力、沮喪不堪，你要知道，我們全都是這樣。但神能夠醫治、修復我們，讓我們和世界重獲新生。

關於寫作這回事，我最喜愛的地方是，在今日這個時代，它變成了一種對話。拜網路和社交媒體之賜，你在閱讀本書時或是讀畢之後，都可以發推特給我或跟我交談。想起來也很奇妙，二十年前這是不可能的——當然你可以寫信，但那很耗費時間和精力。

如果你剛讀完這本書，我希望聽聽你有什麼話要說，無論是你的想法、反應、問題，甚至是異議。基督信仰最棒的是，它沒有粉絲，只有一家親。

這裡列出我的聯絡方式，來說聲「嗨」吧！

Twitter: @jeffersonbethke

Facebook: fb.com/jeffersonbethkepage

Instagram: instagram.com/jeffersonbethke

傑夫的推薦書單

以下是一些我最愛的書，在我撰寫本書各章時，給我很多引導和啟迪。有些是基督徒寫的，也有些不是。有些很易讀，也有些資訊密集、篇幅冗長有如教科書，每讀兩頁就教我頭痛。因此，我沒有每本、每頁都讀過，因為有些是學術著作或工具書。

有些書的部分內容我不盡同意，或是我有其他想法。不管怎樣，希望你拿起其中一些來讀，像我一樣從中獲得鼓勵。徜徉在一本好書中樂而忘返，是無可比擬的美妙經驗，以下是一些曾帶來這種經驗的書。

第一章　你的人生跟你想的不一樣

- 《宣教中的上帝》（*The Mission of God*），Christopher J. H. Wright 著，李望遠譯，校園書房，2011 年
- *Surprised by Scripture*, N. T. Wright
- 《開啟你立刻就能活用的想像力》（*Imagine*），Jonah Lehrer 著，楊玉齡譯，天下文化，2013 年
- 《引爆趨勢：小改變如何引發大流行》（*The Tipping Point*），Malcolm Gladwell 著，齊思賢譯，時報出版，2015 年
- *The Divine Conspiracy*, Dallas Willard

- *How God Became King*, N. T. Wright
- *The Drama of Scripture*, Craig G. Bartholomew and Michael W. Goheen

第二章　聖殿跟你想的不一樣

- *The Lost World of Genesis One*, John H. Walton
- *Reading Backwards*, Richard B. Hays
- *Center Church*, Timothy Keller
- *Pentateuch as Narrative*, John H. Sailhamer
- *Sitting at the Feet of Rabbi Jesus*, Ann Spangler and Lois Tverberg

第三章　別人跟你想的不一樣（關於親密關係）

- *Sabbath as Resistance*, Walter Brueggemann
- *The King Jesus Gospel*, Scot McKnight
- *Freefall to Fly*, Rebekah Lyons
- *All of Grace*, Charles Spurgeon
- 《四種愛：友愛・親愛・情愛・大愛》（*The Four Loves*），C. S. Lewis 著，梁永安譯，立緒，2012 年
- *Loveology*, John Mark Comer
- 《婚姻解密：以上帝的智慧來面對委身的複雜性》（*The Meaning of Marriage*），Timothy Keller & Kathy Keller 著，趙剛譯，希望之聲文化有限公司，2015 年

◆《人本獲利世代：七大核心理念，終結黑心企業》（*People Over Profit*），Dale Partridge 著，沈維君譯，天下文化，2016 年

◆ *Scary Close*, Donald Miller

第四章　你的身分跟你想的不一樣（關於自我身分）

◆ *Prototype*, Jonathan Martin

◆ *Tempted and Tried*, Russell D. Moore

◆ *Beloved*, Henri Nouwen with Philip Roderick

◆ *The Truest Thing About You*, Dave Lomas with D. R. Jacobsen

◆ *The Prodigal God*, Timothy Keller

◆ *Jesus Through Middle Eastern Eyes*, Kenneth E. Bailey

◆ *Sit, Walk, Stand*, Watchman Nee

第五章　安息日跟你想的不一樣

◆《心靈守護者》（*Soul Keeping*），John Ortberg 著，顧華德譯，道聲，2015 年

◆ *Alone Together*, Sherry Turkle

◆《衝動效應：衝動型社會的誘人商機與潛藏危機》（*The Impulse Society*），Paul Roberts 著，廖建容譯，天下文化，2015 年

◆ *The Prophetic Imagination*, Walter Brueggamann

◆ *The Spiritual Man*, Watchman Nee

◆《住在基督裡》（*Abide in Christ*），Andrew Murray 著，校園編輯室譯，校園書房，1977 年

◆ *Sabbath*, Dan Allender

◆ *The Sabbath*, Abraham Joshua Heschel

第六章　敬拜跟你想的不一樣（關於偶像）

◆《山寨版的上帝》（*Counterfeit Gods*），Timothy Keller 著，李正宜、廖恩淑譯，希望之聲文化有限公司，2013 年

◆ *Surprised by Scripture*, N. T. Wright

◆ *Playing God*, Andy Crouch

◆ *Limitless Life*, Derwin Grey

◆ *Gods at War*, Kyle Idleman

◆《開往天堂的巴士》（*The Great Divorce*），C. S. Lewis 著，魏啟源譯，校園書房，2014 年

第七章　神的國度跟你想的不一樣

◆ *Unlost*, Michael Hidalgo

◆《認識耶穌的十堂課》（*Simply Jesus*），N. T. Wright 著，郭書瑄譯，校園書房，2013 年

◆ *Reading the Gospels Wisely*, Jonathan T. Pennington

◆ *Poet and Peasant*, Kenneth Bailey

◆《一千次感謝：勇敢面對我現在的人生》（*One Thousand Gifts*），Ann Voskamp 著，藍仁駿譯，高寶，2012 年

◆ *A Farewell to Mars*, Brian Zahnd
◆ *Spiritual Leadership*, J. Oswald Sanders
◆ *Anything*, Jennie Allen
◆ *7*, Jen Hatmaker

第八章　你的創傷跟你想的不一樣（關於傷口與疤痕）

◆ *Prototype*, Jonathan Martin
◆ *Rid of My Disgrace*, Justin S. Holcomb and Lindsey A. Holcomb
◆ *The Release of the Spirit*, Watchman Nee
◆《天堂：從聖經了解天堂真貌》（*Heaven*），Randy Alcorn 著，林映君、黃丹力、王乃純譯，橄欖，2010 年
◆《縫補靈魂的天使》（*Redeeming Love*），Francine Rivers 著，陳宗琛譯，春天出版社，2013 年

第九章　聖餐跟你想的不一樣

◆ *Bread and Wine*, Shauna Niequest
◆ *A Meal with Jesus*, Tim Chester
◆ *From Tablet to Table*, Leonard Sweet
◆ *Every Bitter Thing Is Sweet*, Sara Hagerty
◆ *Tables in the Wilderness*, Preston Yancey

謝詞

謝謝艾莉莎：妳總是那個給我最大鼓勵、最大支持的人。要是沒有妳這位終身伴侶，我不能想像日子要怎麼過，或是要怎麼寫好一本書。愛妳！

謝謝克提斯、馬特、席伊麗和邁克：感謝你們對我的信賴！要不是你們認為值得讓我一試，這本書不可能成事。謝謝你們不惜為了我而冒險。

謝謝 Thomas Nelson 出版社：我總是覺得把我的名字印在書的封面上有點怪，因為我在幕後清楚看到，寫作、編輯、行銷、發行一本書，在多大程度上是團隊的努力成果。謝謝這個出版界的最佳團隊！

謝謝安琪拉：不能想像沒有妳的幫助怎能把書寫出來。經過潤飾而最終成書的面貌，全是妳的功勞。妳把我那些支離破碎的字句組織成通順的文章，教我感激不盡。

謝謝普萊爾一家：感謝你們對艾莉莎和我付出的愛。作為我們的良師益友，你們在過去一年讓我倆脫胎換骨。重讀這本書，我體會到你們一家對我倆作為一個家庭的成長與精進，具有關鍵的影響力。謝謝你們教導了我們，追隨耶穌是怎麼一回事。

國家圖書館出版品預行編目資料

耶穌跟你想的不一樣 / 傑弗森.貝斯齊(Jefferson Bethke)著 ; 江先聲譯.
-- 初版. -- 臺北市 : 啟示出版 : 家庭傳媒城邦分公司發行, 2016.08
面 ; 公分. -- (Soul系列 ; 50)

譯自 : It's Not What You Think : Why Christianity Is about So Much More than Going to Heaven When You Die

ISBN 978-986-93125-1-6(平裝)

1.神學 2.基督徒

242 105010637

Soul系列050

耶穌跟你想的不一樣

作　　者／傑弗森・貝斯齊 Jefferson Bethke
譯　　者／江先聲
企畫選書人／李詠璇
總 編 輯／彭之琬
責任編輯／李詠璇

版　　權／吳亭儀
行銷業務／何學文、莊晏青
總 經 理／彭之琬
發 行 人／何飛鵬
法律顧問／台英國際商務法律事務所羅明通律師
出　　版／啟示出版
台北市 104 民生東路二段 141 號 9 樓
電話：(02) 25007008　傳真：(02)25007759
E-mail:bwp.service@cite.com.tw
發　　行／英屬蓋曼群島商家庭傳媒股份有限公司 城邦分公司
台北市中山區民生東路二段 141 號 2 樓
書虫客服服務專線：02-25007718；25007719
服務時間：週一至週五上午 09:30-12:00；下午 13:30-17:00
24 小時傳真專線：02-25001990；25001991
劃撥帳號：19863813；戶名：書虫股份有限公司
戶名：英屬蓋曼群島商家庭傳媒股份有限公司城邦分公司
訂購服務／書虫股份有限公司客服專線：（02）2500-7718；2500-7719
服務時間：週一至週五上午 09:30-12:00；下午 13:30-17:00
24 時傳真專線：（02）2500-1990；2500-1991
劃撥帳號：19863813 戶名：書虫股份有限公司
讀者服務信箱：service@readingclub.com.tw
城邦讀書花園：www.cite.com.tw
香港發行所／城邦（香港）出版集團有限公司
香港灣仔駱克道 193 號東超商業中心 1 樓；E-mail：hkcite@biznetvigator.com
電話：(852) 25086231　傳真：(852) 25789337
馬新發行所／城邦（馬新）出版集團 Cite (M) Sdn. Bhd.
41, Jalan Radin Anum, Bandar Baru Sri Petaling, 57000 Kuala Lumpur, Malaysia.
Tel: (603) 90578822 Fax: (603) 90576622 Email: cite@cite.com.my

封面設計／陳威伸
排　　版／極翔企業有限公司
印　　刷／韋懋實業有限公司

■ 2016 年 8 月 4 日初版
■ 2021 年 7 月 8 日初版 5.5 刷
定價 320 元
Printed in Taiwan

城邦讀書花園
www.cite.com.tw

 ISBN 978-986-93125-1-6